丛书编委会

总　策　划：来新国　王文成

编委会主任：郭齐勇　周晓亮

编　　　委：来新国　陈知涯　张　彧　尹格韬　沈　众

　　　　　　王文成　孟淑贤　周长志　罗养毅　秦　丹

　　　　　　乌　琛

马汉

陈舟　邓碧波　著

大家精要

陕西师范大学出版总社

图书代号 SK16N1491

图书在版编目（CIP）数据

马汉／陈舟，邓碧波著.—西安：陕西师范大学出版总社
有限公司，2017.1（2024.1重印）
（大家精要）
ISBN 978-7-5613-8862-4

Ⅰ.①马… Ⅱ.①陈… ②邓… Ⅲ.①马汉（Mahan,
Alfred Thayer 1840—1914）—传记 Ⅳ.①K837.125.2

中国版本图书馆CIP数据核字（2016）第324736号

马 汉 MAHAN

陈 舟 邓碧波 著

责任编辑	陈柳冬雪
责任校对	陈君明
封面设计	张潇伊
出版发行	陕西师范大学出版总社
	（西安市长安南路199号　邮编710062）
网　址	http://www.snupg.com
印　制	永清县晔盛亚胶印有限公司
开　本	650 mm×930 mm　1/16
印　张	10
字　数	100千
版　次	2017年1月第1版
印　次	2024年1月第2次印刷
书　号	ISBN 978-7-5613-8862-4
定　价	45.00元

读者购书、书店添货或发现印刷装订问题，请与本公司销售部联系、调换。

电话：（029）85303879　　传真：（029）85307864　　85303629

目　录

第 1 章

海权论的鼻祖

阿尔弗雷德·塞耶·马汉（Alfred Thayer Mahan，1840～1914），是"海权论"的开山鼻祖，被公认为"海权理论之父"。他的思想在美国乃至世界范围内都享有盛誉，自产生之初就为许多国家所推崇。美国第二十六届总统西奥多·罗斯福称他是"美国历史上最伟大、最有影响的人物之一"，将他的著作奉若圭臬，恭行实践，从而为美国的扩张奠定了坚实的基础。

军人之家

马汉生于 1840 年 9 月 27 日，其祖父约翰·马汉是爱尔兰人。1800 年爱尔兰反英大起义失败后，约翰携新婚妻子漂洋过海，随着爱尔兰难民潮来到纽约，随后定居于弗吉尼亚州东南部港口城市诺福克。1802 年，约翰的第一个儿子出生，取名丹尼斯·哈特·马汉，他就是马汉的父亲。然而，就在这个幸福的三口之家建立不久，约翰的妻子就离开了人间。两年后，约翰与埃莉诺·麦金女士再婚，但不幸再次降临，埃莉诺女士婚后不久就去世了。精神饱受打击的约翰独自奋斗十年后，事业小有所成，于1814年与孀居的埃斯特·莫菲特女士成婚，并于1819年生了一个儿子，取教名米洛，他就是马汉的叔叔。1820年，丹尼斯进入西点军校学习。不久，约翰便与世长辞。

马汉兄妹六人，三男三女，他排行老大。老二叫玛丽，终生体弱多病；老三名叫海伦，三岁的时候就夭折了；老四名叫弗雷德里克·奥古斯塔斯，于1863年考入西点军校，毕业后分配到炮兵部队工作，后转入陆军工兵部队工作；老五名叫丹尼斯，跟马汉一样于1865年考入安纳波利斯海军学院，成为一名海军军官；老六是简·莉，她一直都跟父母待在一起。从职业构成上看，可以说这一家子承父业，是典型的军人家庭。

家庭对孩子的成长影响巨大，这一点突出地体现在马汉家里。丹尼斯教授是一名军人、一个治学严谨的学者，不苟言笑，在课堂上极为严厉，但他将工作和生活区分得很清楚，没有把西点军校的教学方式带到家庭教育中来。相反，他对孩子们非常宽松，从来不把自己的意志强加给孩子们，不为孩子们规定阅读书籍，而是经常从军校图书馆购买一些有趣的书放在家里，或者作为礼物送给孩子们。这为孩子们的阅读提供了更大的选择性，不至于把孩子们局限在某一个方面。马汉的母亲心地善良，性情温柔。她笃信上帝，时常诵读《圣经》，祈求上帝保佑她的儿子将来能成为一名牧师。遗憾的是，马汉并未能如母亲所愿，他长大后成了一名知名的海军战略家。马汉的叔叔米洛，后来成了一名学识渊博的历史学家和小有名气的神学家。马汉对这位叔叔怀有特殊的好感。当他14岁那年被送到纽约的哥伦比亚学校上学的时候，他暂时寄宿在米洛叔叔家里。在那里，马汉培养了对历史的兴趣，学会了编写历史著作的技巧，形成了自己特定的历史观，而且还阅读了大量英裔天主教徒的救世神学读物。正是在叔叔家里，他成为一名虔诚的高教会派信徒，终其一生，都没有再改变。宗教教育对他性格的形成以及后来军事、政治思想的形成起到了重大的作用。信仰始终是他精神生活的一个重要组成部分，跟他的海军战略、历史研究工作同样重要。

马汉的童年是在西点军校度过的。嘹亮的军号、整齐的队列，让他对军队印象深刻，也许正是这些使他从小就对军队、军人产生了好感。马汉8岁那年，西点军校庆祝该校的警备队由墨西哥战场凯旋。军号阵阵，鼓乐喧天，礼花纷飞，英雄们受到了热烈的迎接。这个场景令马汉深受震撼，终生难忘，他心中的雄心壮志开始萌芽了。

马汉小的时候就十分喜爱看书，除了跟玩伴一起玩耍和搞些小恶作剧以外，他把大部分时间都用在了父亲的书房里，用在了阅读上。这在他那个年纪是很少见的。马汉家里的书房收藏有许多军事、历史、战争等方面的书籍，其中有许多是容易读懂的战争故事书。马汉尤其喜欢读参加过拿破仑战争的英国海军军官马利亚特所写的海上传奇，还有美国小说家库珀以美国历史为题材写的《间谍》《领航者》等长篇小说。这些书里的故事令小马汉心醉神迷，这也许可以解释为什么他对大海、海军如此迷恋和向往。但是，让人不可理解的是，十几岁的马汉还经常一个人躲在书房里津津有味地啃着一些甚至对大人们来说都很枯燥乏味的书，如弗莱西普·格罗米特的《我的航海日记》、乔纳森·奥尔琼斯的《海军指挥手册》。更让人感到不可思议的是，他甚至还把父亲从学校图书馆找到的《联军杂志》装订起来，仔细阅读。当时这类杂志经常刊载英国皇家海军军官回忆与拿破仑军队进行海战的情况，马汉对此特别感兴趣。怪不得小马汉长大后违背父亲的意愿，不考西点军校，而是选择了报考海军学院。

马汉12岁那年，目睹了好友贝利一家遭受的不幸事件。这件事情令他终生难忘，更加坚定了他加入海军、征服桀骜不驯的海洋的决心。那年，马汉的外婆来西点看望孩子们后准备乘客轮返回纽约，贝利一家也准备去纽约旅行。当他们到码头的时候，正好有两艘客船"阿米尼"号和"亨利·克莱"号争先恐后地开进了码头。马汉的外婆问孩子们愿意乘坐哪艘客船，孩子们都想乘坐"阿米尼"号，而贝利的父母则坚持要坐"亨利·克莱"号。开船后，这两艘客船又开始了追逐竞赛。不久之后，不幸的事发生了，"亨利·克莱"号中途突然起火爆炸，八十多名乘客当即葬身于赫德河底，其中也包括了贝利的父母和年幼的妹妹。从此，贝利成了孤儿，也成了马汉家的常客。

特立独行的海军学院学员

跟所有的父母一样，丹尼斯夫妇也对马汉寄予了很大的期望，希望他能学有所成。1852年，12岁的马汉被送到马里兰州的圣詹姆斯男子学校，主修数学、代数和平面几何。马汉在这里学习了两年，但父亲对他在数学方面取得的成绩很不满意，于是便把他转到纽约哥伦比亚学校，寄宿在米洛叔叔家里。这段时间，马汉的学习成绩平平。从哥伦比亚学校毕业后，马汉正式向父亲提出要参加海军。身为西点军校教官的丹尼斯当然希望马汉能继承自己的衣钵，于是竭力劝他报考西点军校，但马汉始终不为所动。看到他如此坚决，丹尼斯又改变了想法，转而同意儿子，并利用自己在外面的声望和社会地位的影响，帮助他实现自己的愿望。1856年元旦，马汉自己到处活动，最后通过陆军部长戴维斯的助手从国会议员默里那里获得了一封报考海军学院的推荐信，于1856年9月到安纳波利斯海军学院正式报到。正是从这天起，他正式走进了美国海军的行列，开始了四十年的海军服役历程。

安纳波利斯海军学院创办于1845年，学制四年，任务是培养合格的职业海军军官。学院由海军部长直接领导，学员入学必须由政府要员或国会议员推荐，经考试合格后择优录取。由于马汉持有哥伦比亚大学二年级的学历证明，经申请后，学院同意他直接插到比自己早入学一年的1855级三班学习。虽然马汉入学手续齐备，考试成绩优异，但是在当时同学们的心目中，像他这样一个插班生，怎么说也是一个受到学院特别照顾、大有来头的人物。在他到来之前，学员们早就结成了志趣相投的小团体。马汉初来乍到，自然而然地成了局外之人。虽然如此，他还是交到了几个比较要好的朋友，其中最重要的是一个名叫萨谬尔·A·阿希的北卡罗来纳小伙。马汉是一个性情古怪、脾气不好、特别自负的人，一般人，尤其是要经常跟他打交道的人，没有几个人能受得了他那火爆的脾气和古怪的性格。他一生都没有交到特别知心和值得信赖的朋友，即使是后来遇到的卢斯少将、西奥多·罗斯福总统等人，也只能说他们见解比较一致。说到知心朋友，恐怕就只有这位他在海军学院认识的阿希了。在1858年夏季的一次海训中，这位好友由于无法忍受晕船的折磨，不得不放弃当一名海军军官的理想，回到北卡罗来纳州改读法律专业。正是在这次海训中，马汉第一次向阿希吐露了自己的远大抱负。他说："产生诸如斯蒂芬·德凯特式的海上英雄豪杰的时代已经一去不复返了。如今，如果没有较好的客观条件和一定的环境，想单凭勇敢而成为流芳百世的英雄是很困难的。因此，我已下定决心通过理论研究这一途径，在海军赢得声誉。"这尽管还只是一个年轻人的初步想法，但已经充分显示出他的远见卓识。

但是，19世纪的美国海军绝不是一块催生理论家的沃土，这也正是马汉后来频频遇到麻烦的症结所在。他甚至一度为自己选择海军而后悔不已，对自己的职业和与身边同事打交道感到极端厌倦、烦恼。阿希退学后，他们的友情一直没有中断，给阿希写信成了马汉一生中最重要的生活习惯。在后来的工作和生活中，凡是遇到重大事情，他总是要向阿希毫无保留地倾诉和请教，而阿希也确实一直都是他忠实的听众和坚定的支持者。马汉十分注意搜集和保存自己的书信，在写给朋友的信结尾，经常会附上一笔，要求他们读后如果感到没有保存的必要，就将信件退还给他。马汉说："书信是人们最忠诚，然而又不会开口说话的朋友，是一个人追忆往事和撰写自传不可缺少的宝贵材料。哪怕是极为平庸的书信，等你到了暮年的时候，再阅读起来，都会产生身临其境之感。轻率地将它们扔进脚下的纸篓，那将是极不公平的。"阿希非常了解马汉，认为他迟早都会成为一个人物，所以他非常珍惜马汉写给他的每一封信，并认真地加以保存。这些信件，真实地记载和反映了马汉一生中所经历的许多重大事件，是研究马汉思想的重要原始资料。

海军学院的各门课程对马汉来说只是小菜一碟，他几乎不用费劲就能取得较好的成绩。本来稍加努力，就可以在班上拔得头筹，但他不愿意这么做。他担心自己作为一个插班生，如果超过了班上原来的尖子生，就有可能遭人忌恨。因此，他小心翼翼地把自己的各门成绩保持在中偏上的水平，这样就不容易引人注意了。除此以外，他还把大量的时间用来读小说。这些小说中对他影响较大的是查尔斯·J·利弗的《奥玛莉》。他对书中所描写的巾帼英雄心驰神往，一心渴望自己能在现实世界中找到这种女英雄的化身，但似乎命中注定了他的愿望无从实现。在到海军学院之前，他曾经被自己的堂妹米洛叔叔的女儿刘易斯的美貌所倾倒。但是，到海军学院之后，这段罗曼蒂克的感情也就自然而然地淡化了。为了摆脱学院单调的生活，马汉也像当时很多海军学院学员一样，把许多时间消耗在追求当地的漂亮姑娘身上。他曾经像着了迷一样地同时爱上了好几个姑娘，但每个维持的时间都超不过三个月。在这些姑娘中，马汉最中意的是海军学院院长克雷文上校的女儿南妮·克雷文小姐。在1858年至1859年间，他与她的恋情至少反复过两三次。这位南妮小姐芳龄17岁，出落得标致大方，楚楚动人，善于在情场玩弄手腕，经常把那些围着她转的小伙子们搞得晕头转向。这样的一位美人儿对性格内向的马汉来说当然是难以把握的，毫无疑问，他败下阵来。经过几场短暂的恋情之后，到1859年快毕业时，他终于认为自己暂时跟恋爱无缘，于是转而渴望到海上去，至于刘易斯、南妮这些姑娘，犹如过眼云烟。他在给阿希的信中写道："与姑娘交往只能令我一时愉快，而乘着战舰巡弋在海上才能使我整个身心感到莫大的快慰，胜似回到可爱的家。轻轻的海风，宜人的空气，使人心旷神怡。"

由于脾气暴躁，思想固执，再加上家庭出身优越，马汉在海军学院的日子过得并不舒坦，他与大多数同学之间的关系一直都很紧张。他从小在西点军校长大，身上有较浓厚的军人习气，对海军学院纪律松懈、作风松散的现象极为不满，而同学们也难以忍受他的极度自负和孤芳自赏。1858年秋，马汉担任实习舰长，带领十五名低年级学员参加训练，曾与阿希同宿舍的赛缪尔·霍兰·哈克特任他的副舰长。马汉上任伊始，便想按照西点军校的要求整饬舰上的纪律和作风，要求舰上所有的人员必须听从命令，服从指挥，不得发生任何违反纪律的行为，并要求学员们相互举报违反纪律的情况。他的要求刚刚宣布完毕，哈克特便带头表示反对："见你的鬼去吧！要想打小报告你自己去，我们才不干这种事情呢。"哈克特的所作所为很快在班上引起了分裂，大多数人支持哈克特，只有少数人支持马汉，还有部分人谁也不支持，保持"中立"。事情到了这个地步，马汉对自己也开始有所怀疑了，赶紧写信向父亲求助。父亲旗帜鲜明地站在他的一边，要求他"始终如一地保持正确航向"。但是随着事态的发展，同学们一个接一个加入反对他的阵营，到了这一年的 11 月底，班上仅有九名同学愿意见面跟他打招呼，而且也不过是点头之交而已。马汉虽然也感到很痛心，但始终不为所动，他十分自信，认为自己的所作所为终将被证明是对的。无论马汉如何孤芳自赏，现实是很残酷的，到大学四年级的时候，他已经是一个名副其实的孤家寡人了。命运似乎注定他的一生将是孤独寂寞的，他的同事和朋友很难成为他的知音和挚友。客观地说，原因还得从他自己身上找。他对同事和朋友的要求太高，性格又过于内向，脾气又很暴躁，这些都是他性格中致命的弱点。

飘摇难熬的二十年甲板生涯

安纳波利斯海军学院的生活最终还是比较平静地结束了。1859 年 6 月初，将军考察团来到学院考核学员的实习课程。在单项考试中，马汉的航海技术和操炮技术成绩名列前茅；综合考试中他担任第一小组的舰长，也赢得了考察团的高度评价。毕业前一个月，马汉请求到"利万特"号炮舰上任职，但未获准，最后被派到"国会"号护卫舰上任职。从此以后，马汉开始了十三年零六个月的甲板生涯。

早在其在海军学院学习期间，美国南北方因废奴问题而产生的分歧迅速扩大，各州和国家的立法机关，甚至宗教团体已经开始分裂。席卷全国的暴风雨眼看就要来临。海军学院也深受这种政治空气的影响。马汉虽然来自南方，却是一个反对分裂的北方联邦主义支持者。1860 年 11 月 6 日，林肯当选为美国总统，他坚决主张废除奴隶制，维护国家的统一。他当选为总统后，南方蓄奴主义者开始积极策动分裂国家的行动。南北战争无可避免地爆发了。这时，"国会"号正在大西洋优哉游哉地闲逛着。1861 年 6 月，"国会"号接到立即起航开赴波士顿的命令。回国途中，舰上全体南方人被要求宣誓效忠联邦政府。马汉的两个好友克莱本和赛纳斯由于拒绝宣誓而被捕，送往拉斐特要塞监狱，他们后来被当作战俘交换给了南方政府。

南北战争的爆发也造成了西点军校的分裂。丹尼斯和罗伯特·李将军都来自弗吉尼亚州，又在工程系共事，是很要好的朋友，但是李将军义无反顾地辞职去了南方军队。更让丹尼斯心痛的是，他精心培养的大批军事人才由于政见不同，分别加入南北方军队而在战场上互相厮杀。南北战争也造成了马汉家族的分裂，他的叔叔米洛坚决地支持南部联盟，辞去纽约神学院教授职务，转而去巴尔的摩市的圣保罗圣公会教堂当牧师，直到 1870 年去世。而丹尼斯教授则坚定地站在北方一边，支持联邦军队。

继"国会"号之后，南北战争期间，马汉还在"詹姆斯·艾杰"号和"波卡洪特斯"号上任过职，并于 1861 年和 1863

年先后晋升中尉、上尉军衔。这期间，他乘坐的"波卡洪特斯"号被派遣到杜邦准将麾下执行作战任务，护送和支持陆军远征军进攻南卡罗来纳州的罗亚尔港。令人扫兴的是，由于气候恶劣，马汉所在的舰直到战斗打响后才赶到预定位置。事实上，整个内战期间，马汉总是被派遣到远离发生战斗的海域执勤。对他来说，战争好像离他有点遥远了。1862年他曾被召回安纳波利斯母校任教，在那里结识了当时还是学院航海系主任的斯蒂芬·B·卢斯少校。他们谈得很投机，此人后来对马汉的学术生涯起到过决定性的作用。当然马汉也没有忘记在当地寻花问柳，他跟一个比自己大几岁的年轻妇女勾搭上了，他们之间的暧昧关系断断续续地保持了七年之久。1863年10月，马汉又被调到海岸炮舰"塞米诺尔"号，重新开始单调难熬的海上生活。1864年2月，他被调回"詹姆斯·艾杰"号任副舰长，同年7月被调到"锡马隆"号任舰长，10月被任命为编队的军械主任。1865年，由于延误上报在编军械库存统计报告，他被退回"詹姆斯·艾杰"号。1865年7月，他晋升少校军衔，并调到"穆斯库塔"号任副舰长，这是一艘出了名的"瘟船"。1866年8月，"穆斯库塔"号上出现了一场高热病，舰上有八名军官和八十多名士兵染病，三人死亡，其中就包括舰上的医生。这艘"瘟船"终于在11月提前退役，而马汉也获得了一次回西点家中的休假机会。

休假完毕后，马汉被派到华盛顿海军造船厂任军械主任，但他对这里的工作不感兴趣，终日心灰意冷，无所事事。一天，他意外获悉，"易洛魁"号将要到远东巡航，以"保护"美国在中国、日本和菲律宾等地商船的"安全"。他马上向海军部打报告，希望能上"易洛魁"号任职。不久，报告批下来了，他被任命为"易洛魁"号副舰长。1867年2月，"易洛魁"号从纽约起航，途径西印度群岛、巴西、南非，绕过非洲好望角，穿过马达加斯加，先后来到了也门、阿曼、印度、新加坡、菲律宾、中国和日本等亚洲国家。这次航行使马汉饱览了亚洲独特的地理、历史和风俗人情。

这两年，马汉一直都在写航海日记，详细地记录了自己的思想活动及经历。从他的日记中可以看出，他对出海航行怀有极度恐惧的心理，每次出海都感到异常紧张、烦躁、沮丧和恶心。但令人费解的是，在此之前，马汉从来没有在任何情况下表现过惧怕海洋，也许他一直都在刻意欺骗自己，或是在努力克服自己的心理障碍。在后来漫长的海军服役生涯中，每当遇到出海任务时，马汉总是尽可能地找各种借口躲避和拖延。马汉如此惧怕大海，让人难以想象他为什么要在海军服役。虽然如此，马汉还是坚持留在海军，顽强地挺了下来，直到退休。

1869 年 7 月，马汉被调离"易洛魁"号，担任"阿鲁斯托克"号炮舰的舰长。这条炮舰于 9 月份卖给了日本，而马汉则获得了休假六个月的机会。随后，马汉开始从日本横滨出发，一路逍遥自在，遍游亚欧各国，直到 1870 年 5 月底才回到西点家中。在家休假期间，他去了一趟沙伦温泉进行疗养，并在那里结识了埃伦·莱尔·埃文斯小姐，也就是他后来的妻子。他们于 1872 年 6 月完婚。11 月份，马汉晋升中校军衔，12 月份被任命为游弋在南大西洋的"黄蜂"号舰长。马汉随即携新婚妻子一同前往乌拉圭首都蒙得维的亚赴任。在任期间，马汉搜集了不少南美国家政治、经济、外交等方面的情况，还掌握了不少西班牙军舰的动向。1875 年 1 月，马汉在大西洋基地两年的巡航生活终于结束了。经过半年多的休假之后，他于同年 9 月被派往波士顿海军造船厂任职。

在造船厂任职期间是马汉一生之中最倒霉的时期。一方面，是由于不满当权者，马汉参加到海军改革者的行列，猛烈抨击造船厂的腐败现象和海军的"弊政"。他在没有任何证据的情况下指控海军部长罗伯逊、建设局长汉斯科等是"投机商"。与此同时，他还深深介入了指挥军官与保障人员的争论之中。他强烈反对各类技术保障人员享有与作战训练的军事指挥官同样的军衔、提升和津贴待遇。另一方面，这段时间马汉家庭经济十分拮据，可以说已经到了穷困潦倒、山穷水尽的地步。由于太过锋芒毕露，触犯了海军部，他1876年的年薪工资由三千美元降到了一千一百五十美元，甚至他弟弟丹尼斯也受到了牵连，遭到了减薪的厄运。

艰难曲折的海军学术研究之路

幸好，噩梦很快结束了。1877年9月，马汉被任命为海军学院军械系主任，年薪又恢复为三千美元。更重要的是，他开始了一生之中最重要的转折。1878年，海军研究协会举办"海军改革"有奖征文比赛活动，马汉抓住机遇，就海军教育改革问题写成了《海军教育》一文，最后获得三等奖。这是马汉的处女作，这篇文章的成功对马汉是一个极大的鼓励。在海军学院期间，他充分利用时间，如饥似渴地研读军事理论著作，并经常参加专业会议。在与卢斯、桑普森这些后来在美国海军历史上有重要影响的人物讨论学术问题时，他总是能够提出自己的独到见解，引起了卢斯的注意。卢斯是美国海军史上的一个重要人物，他一直致力于改革海军教育，认为海军军官的教育不能只限于战术和技术的学习，更要注重战略研究，要发展适应海上作战的战争指导艺术。这一点与马汉可谓不谋而合。卢斯认为马汉终有一天会成为一个杰出的海军军事理论家。在以后的日子里，只要是力所能及，他总是想方设法为马汉的研究工作提供各种便利条件，令马汉感激不已。

1880 年 6 月，马汉由海军军官学院被派遣到纽约海军造船厂航海部工作。造船厂的工作都是些烦琐的技术性工作，这对马汉来说是一种埋没，也是人才的一种浪费。但马汉不这样想，他倒是挺喜欢这里的工作，甚至还亲自监督军舰上航海设备的购置、测试和安装。对适用于海军的革新项目，他也很感兴趣，他积极支持下属德雷克发明舰船用照明装置，并将其应用于实践。1883 年，"特伦顿"号军舰成为海军第一艘安装电灯的船。他还努力探索具有更多经济效益的修建军舰的途径和方法，总是向上司提出节省时间、钱财和设备的建议。这段时间，马汉还对研究海军历史产生了浓厚的兴趣。当时，正好纽约一家有名的出版商斯克里布纳约请他撰写一本内战时期联邦海军在墨西哥湾作战方面的著作。内战期间，他正好在这一海域执勤，对墨西哥湾的地理位置、历史和有关国家的情况比较熟悉，因此很快就完成了《墨西哥湾和内陆水域》一书。由于评述比较客观公正，这本书受到了南北海军军官的好评，而这部著作的线索也已经初步显示了一个重大的主题——海权。凭借这部著作，马汉开始迈入海军历史学家的行列，这也是后来卢斯邀请他共创海军军事学院的一个重要原因。

1883 年 8 月，马汉被派到南太平洋基地"沃诸塞特"号任舰长。用马汉的话说，这艘军舰是"一匹衰老的战马，连吃草都困难，或许到了该宰杀的地步"，船连续航行了五年都没有检修，船身和甲板的木料都已腐烂，锅炉和发动机也明显老化，火炮也不好用了。在这样的舰上当班，马汉的心情是可想而知的。不过，没过多久，决定马汉后半生命运的一件事发生了。

1884 年 9 月，马汉接到卢斯的来信，邀请他到即将成立的海军军事学院讲授海军历史和海上战术课。此时的马汉对颠簸飘摇的海上生活早就厌烦透顶，求之不得，马上一口答应下来。不过，去海军军事学院任教的过程并不顺利。在回航的途中，马汉经常接到命令，要他去处理涉外事件，执行测量任务，加上又遇到巴拿马、危地马拉等国家的战争危机，回国的愿望迟迟难以实现。这些一度令马汉心灰意冷，他甚至认为这些都是海军部故意拖延他返回学院的阴谋，想干脆放弃。1885 年 10 月，马汉终于来到新设在罗得岛的纽波特市的海军军事学院任教，而在此前的 9 月，他已晋升上校军衔。也许，这就是所谓的"好事多磨"吧。

　　1886 年 6 月，卢斯准将已晋升为海军少将，并调离军事学院，任北大西洋舰队司令。马汉马上接任院长职务。不过，他没有接到海军部的委任状，而这个没有委任状的院长，马汉一干就是六年。新建的海军军事学院从一开始就受到了反对派的攻击，他们认为这样的学院对海军的建设和发展毫无作用，视之如"眼中钉""肉中刺"，恨不得将其连根拔除。海军学院院长拉姆齐就是其中的一个典型代表。他认为海军军事学院的课程充其量就是海军学院教学内容的延伸，根本没有必要在新港另立门户。他主张把海军军事学院搬到安纳波利斯，作为海军学院附属的研究生班，并且发誓，"只要还有一口气在，就要反对海军军事学院"。他是这样说的，也是这样做的。让马汉痛心的是，拉姆齐的想法绝不是少数人的想法，而具有很大的代表性，很多人认为研究海军军事艺术远没有研究海军战术和技术重要。马汉最经常的工作就是跟这些狭隘的偏见作斗争，为海军军事学院谋取最基本的生存权利。

　　为了把学院办下去，马汉使出浑身解数游说国会，希望他们能给学院单列拨款预算。但是，由于赫伯特等人的阻挠，马汉没有成功。1888 年 8 月，海军军事学院甚至被迁到戈特岛，与那里的鱼雷站合并。直到 1892 年 9 月，海军军事学院才重新开学，由马汉担任院长职务。1890 年的时候，他们甚至都没能把班办下去。至 1888 年，在海军军事学院工作的三年，是马汉一生之中具有重大意义的三年，他不仅完成了从职业海军军官向海军理论家的最终转变，而且为《海权对历史的影响（1660～1783）》一书的撰写准备了详细的提纲。该书 1890 年正式出版后，马上在世界上引起了强烈的震动。此外，他还在 1888 年举办的研究班上结识了西奥多·罗斯福，此人深受马汉思想的影响，是马汉思想的铁杆支持者和忠实的实践者。可以毫不夸张地说，马汉的思想正是通过罗斯福总统的地位和威望，对美国海军乃至美国的对外政策产生了极其重要而深远的影响。

不过，好景不长。1893 年，克利夫兰出任美国第二十四届总统，赫伯特任海军部长。航海局局长拉姆齐决心利用海军部长的权威，把海军军事学院彻底整掉。他采取的第一个步骤就是把马汉从学院院长的位子上拉下来，并把他赶到海上去。第二步，特意把马汉与海军军事学院的另一个死对头厄尔本少将安排在同一个舰上。为了免除这趟苦差，马汉四处奔走，八方求情。罗斯福、卢斯等人为了使马汉能在岸上进行创造性研究，千方百计找海军部求情，但都失败了。

1893 年 5 月，马汉无可奈何地就任"芝加哥"号舰长，他的顶头上司就是欧洲站的站长厄尔本少将。厄尔本比马汉大六岁，是一个经验丰富的老水手，他没读过什么书，性格暴躁，言语粗俗，对致力于从事海军军事理论研究的人没什么好感。他一贯认为"著书立说不是海军军官的本分"，这一点与拉姆齐倒是惊人的一致。事实正如当时有人评论的，"把马汉与厄尔本安排在同一条舰上，无异于把两只公蝎放在一个瓶子里"。在共事的两年时间里，他们经常发生这样那样的冲突。还好，这些不愉快很快就被马汉在欧洲各国所受到的超规格接待冲淡了。由于马汉的"海权论"在欧洲备受推崇，不少达官贵人竞相邀请马汉做客，甚至连维多利亚女王也邀请马汉出席宴会，当马汉离开英国的时候，德皇威廉二世还专程赴英送行。在英国期间，他还得到了一项巨大的荣耀，先后被剑桥大学和牛津大学授予荣誉法学博士学位和荣誉民法学博士学位，这在历史上都是少有的。这趟欧洲之行，马汉还有一个重大的收获，那就是实地考察了英国，为日后写作《纳尔逊传》积累了丰富的素材和大量的第一手资料。

丰富多彩的第二职业生涯

1895年3月，"芝加哥"号完成使命，返回美国。此时的马汉，一心只想退出现役，好自由地从事搁置已久的创作工作。1896年，马汉终于正式退出现役，进入人生的第二职业生涯。至此，马汉在海军服役共计四十年一个月十七天，而他最讨厌的海上生活则占了大约34%的时间，为十三年六个月，这是马汉自己的统计，应该是比较精确客观的。

在名人效应的驱使下，《大西洋月刊》《纽约论坛报》《哈珀月刊》等刊物，甚至英国的期刊都纷纷向他约稿。当然，马汉从事写作工作，还有一个重要的原因，就是获得稿酬以养家糊口。马汉很在乎他的文章到底能获得多少稿酬，甚至到了斤斤计较的地步。他非常重视诸如《运煤船》这样的插图杂志，因为它的发行量巨大，稿酬也很高。对于那些可能会冒经济上的风险的创作，他尽可能地推辞。比如，马汉就推掉了桑普森·洛和马其顿出版公司请他为中学生编写有关海权的教科书，也拒绝了写一部关于威廉·库欣传记的要求。《美国历史评论》杂志在创刊之初，处境艰难，对书评文章不付稿费或者象征性地付点稿酬。他对在这个杂志上发表稿件就没有多大的兴趣，屡次拒绝该刊编辑请他写关于海军历史方面的书评稿件。他宁可写每篇稿酬五百美元的文章。一般来说，马汉的要价是八千字以内每千字五十美元，超过八千字不另加稿酬，他比较倾向于每篇文章五百美元左右。从1890年至1914年间，他为各类报刊撰文所得的稿酬，估计总共为三万二千美元左右，平均每年一千三百美元（不包括重新发表所获得的额外收入）。考虑到当时美国的生活消费水平，一千三百美元是一个相当可观的数字。当时的一个美国劳工年收入最高不到七百美元，公务员的年薪最高也只有一千一百美元多一点。正因为有不菲的稿费收入，马汉家才能维持中等以上的生活水平。只有在谈论上帝和为上帝而写文章的时候，马汉才不会想到报酬。比如给教会刊物投稿，马汉从来就没有在乎过稿酬的问题。他费了不少心血写的《内心的收获——一位基督教徒的生平和思想》一书，发行量并不大，也没有什么经济收入，但他就是舍得投入时间和精力。

总的来说，自从1896年退役以后，一直到1914年去世之前，马汉进入了创作的全盛期。这期间，他在各类杂志和刊物上总共发表了一百余篇文章，出版了二十余部专著，他一生的大部分作品都是在这个时期完成的。此外，由于"海权论"日臻成熟，他的理论关注点也越来越集中在美国的运用上。为了美国的利益，马汉积极奔走，呼吁加强改革，建设强大的海军。

1898年，美西战争爆发，马汉受命在"海军战争委员会"任职。他所提出的许多建议，都为海军部的决策提供了依据，这一切都说明他不仅精通海军战略，而且对海军战术也非常熟悉。1899 年 5 月，马汉作为美国代表团的成员，参加了在荷兰海牙举行的国际和平会议。他始终密切关注美国的关键利益，坚决反对限制美国的海军力量，反对所谓的"海运豁免权"。20 世纪之初，欧美列强争夺亚非殖民地越来越激烈，"布尔战争""日俄战争"相继爆发，美国也提出"门户开放政策"。马汉的笔触迅速捕捉到了这些形势的微妙变化，写了大量的时评，对亚洲的问题和欧洲的冲突以及美国应该扮演什么样的角色，提出了许多鲜明独到的见解。

1902 年，由于在历史学方面的特殊贡献，马汉又享受到了一项殊荣：他被选为美国历史学会主席，成为该学会历史上唯一一位非历史学家出身的退役军人担任协会主席的人。当然，他始终念念不忘的是自己的创作及其能获得的经济效益。此外，鉴于在"芝加哥"号上的不愉快经历，他也不愿意与行政事务发生任何关系，也不关心协会其他领导人的情况，甚至从来就没有搞清楚过他们的名字。因此，他一直都是"挂名主席"。1906 年，美国国会通过一项特别法案，规定在内战期间服役的所有退役上校都自动提升到少将军衔。时年 66 岁的马汉由此荣升为海军少将，但他似乎对这个并不是很上心，因为他并不能从中获得多少经济利益。相反，他还担心新军衔会妨碍自己未来书籍与文章的出版和销售，毕竟"马汉上校"几乎已经成了他的笔名，并且受到读者的欢迎。

巨星的陨落

到了晚年后，马汉身体日渐衰弱。1906 年以后，医生发现他的心脏和动脉都有问题。不久，前列腺炎又发作了。马汉觉得时间对于自己是越来越宝贵了，决心利用好每一天，完成自己未竟的事业。只要身体状态还行，他就坚持工作，笔耕不辍。从1906年到1914年间，他先后发表了四十二篇文章和八部专著。直到1914年去世前，他还雄心勃勃地要写一部美国扩张简史。

1914年第一次世界大战爆发后，马汉本想在世界舞台上发挥自己的作用和影响，但未能如愿。当时美国决心奉行"中立政策"，威尔逊总统特别指示海军部，对马汉所写的任何文章都必须进行新闻检查后方可发表。结果，马汉所写的国际评论性文章都未能通过检查，一篇也没发表出来。马汉大为震怒。他后半生的主要工作就是写作，威尔逊总统的禁令，等于剥夺了他赖以为生的战斗武器。1914年11月，马汉病重入院。12月1日清晨，马汉按惯例做了皮下注射，喝了一杯热牛奶，便静静地躺在病床上，再也没有起来。

马汉的去世，在世界上引起了强烈反响。在亚洲和欧洲，以及其他所有讲英语的国家里，数百家报纸杂志登载了颂扬他的生平及业绩的文章。英、法、意、荷、日等国的重要报刊纷纷刊文表示哀悼，甚至连马汉最不喜欢的德国的主要报刊也对马汉的去世深表遗憾。美国的海陆军将领、政治学家、历史学家、编辑和出版商也都齐声颂扬他、悼念他。美国海军军事学院在学院图书馆大厅的一角，专门设立了供人瞻仰的殿堂。美国前总统、马汉的好友罗斯福发表题为《一个伟大的公民》的悼念文章，称赞马汉"拥有第一流政治家的头脑"，"在美国生活中是最伟大、最实用、最有影响的人物之一"。马汉一生的挚友阿希在写给马汉的妻子埃伦的慰问信中说道："他的生命是一幅罕见的图画……欧洲和美洲赐给他荣誉，教会和国家感谢他的伟大贡献……这些荣誉将同他一起流芳百世！"

第2章

海权论：海权概念的提出

19世纪末20世纪初，马汉提出了"海权论"这个概念，并详细论述了海权对历史所产生的重要影响，在世界范围内引起了广泛的关注和热烈的讨论。

海权论提出的时代背景

马汉生活的时代，是一个人类在认识和知识方面大变革、大发展的时代，也是人类历史上战争频仍、杀戮频繁的时代。海权概念的提出，标志着人类对海洋的认识进入了一个崭新的时代，也标志着人类对海洋的控制和争夺更趋白热化。海权概念一提出，就受到了世界各国的广泛关注，许多政府都将马汉的思想作为座右铭，不惜血本大力发展海军，全力争夺海上霸主地位，由此拉开了旷日持久的海军军备竞赛的序幕。直到今天，海权思想仍然在影响和左右很多国家和政府的行为，对世界各国的发展和世界格局的演变有着重要的影响。

海权论的提出，首先得益于人类对海洋不断深入的认识。

在马汉之前，人类对海洋的探索已持续了数千年，对海洋的认识也经历了一个漫长的过程。远古时代，人们以为大海就是世界的尽头。古希腊人把宙斯的儿子赫拉克利斯在地中海直布罗陀海峡立下的两根石柱看作陆地的尽头。但人们的实践活动却在不断地冲击着这些传说。古代腓尼基人经红海、印度洋向南环绕非洲航行，又从西向东经过赫拉克利斯石柱返回埃及。他们还从北非出发，穿过赫拉克利斯石柱所在的海峡，沿海岸线北上进入西欧的比利牛斯半岛。由此，人们开始大胆猜测，地球是圆的，陆地被海洋所包围，只要跨越了海洋，就可以到达遥远的大陆彼岸。随后，这一猜测不断被探险家们所印证。哥伦布便是其中的第一人。受到广为流传的《马可·波罗游记》的影响，欧洲人对富饶神秘的东方充满了渴望。1492 年，为了寻找传说中满是香料、黄金和宝石的印度，哥伦布带领三艘帆船，一往无前地朝着人类从未涉足过的大西洋驶去。经过七十天的艰苦航行，他终于到达了中美洲加勒比海的古巴和海地。他以为这就是梦寐以求的印度，并至死都称其为"西印度群岛"。这次因贪婪而导致的地理大发现向世人表明，海洋是大陆间的通道，只要能征服海洋，就能到达大陆的彼岸，获得巨额的财富。

这次地理大发现更加刺激了欧洲人对遥远东方的向往和对黄金、珠宝、香料的渴求。1497 年，葡萄牙贵族瓦斯科·达·伽马绕过非洲好望角向东寻找印度的另一次远航。这一次，他找到了真正的印度，并继续渡海南寻，穿过马六甲海峡到达了号称"香料之国"的摩鹿加群岛（又称马鲁古群岛），将这片新发现的群岛命名为"东印度群岛"，继而从贩卖香料中获得了暴利。1519 年 9 月，麦哲伦率领二百五十六人的船队从西班牙出发，渡过大西洋，沿巴西海岸南下，越过南美大陆最南端的海峡（后被称作麦哲伦海峡），进入了欧洲人从未涉足过的另一个大洋——太平洋。1521年，这支船队历经千难万险，抵达菲律宾。因与岛上居民发生冲突，麦哲伦被杀。他的同伴继续航行，最终到达了摩鹿加群岛，满载香料后，经印度洋绕过非洲，于1522年回到西班牙。麦哲伦船队所做的世界上第一次环球航行意义重大，它第一次证实了地圆假说，并向人类昭示了一个真理：海洋不是阻碍，而是连接全球大陆的通道！只要有足够的力量征服和控制海洋，就可以获得巨大的财富。

海权论的提出，得益于人类丰富的海战实践经验和前人的不断总结。海洋自古以来就在战争的舞台上占有重要位置，海战的历史源远流长。早在公元前二千年前，欧洲的地中海就出现了第一个海权国家克里特，在不断的殖民过程中就曾发生过不少大大小小的海战。从人类历史和战争史来看，海战占有十分重要的地位，甚至直接决定战争的胜负。在千百年的海战实践中，人类不断探索海战的奥妙，寻找打赢海战、赢得战争的规律，逐步认识到海战的重要性，并积累了丰富的经验，总结了一些海战的原则。到了马汉生活的时代，正是第二次工业革命蓬勃发展的时候，科学技术的进步，直接导致海军武器装备大变革，海军从帆船时代进入铁甲蒸汽舰船时代。海战武器装备水平的大大提高，使海战在总体上与以往发生了很大的变化，无论是海战在战争中的地位作用，还是海战战术的运用，都与以往不可同日而语，这种状况客观上需要发展全新的海军理论以指导未来的海战实践。

在马汉以前就曾经有许多有识之士对海战进行过研究，并提出了不少真知灼见。比如，早在公元前4世纪，古希腊哲学家色诺芬就曾提出"控制海洋对决定陆战结局起重要作用"的命题。著名的瑞士军事理论家若米尼，也就是马汉父亲丹尼斯的得意门生，在19世纪30年代也曾提出"海上均势是欧洲政治均势中最重要的组成部分"的观点，并认为"制海权对入侵大陆的结果有很大影响"。马汉的很多同时代人也意识到海权的重要性，并对海战进行了比较细致的研究，提出了许多颇有见地的思想。如美国海军的罗伯特·W·舒费尔特在19世纪70年代末就提出，美国的商业扩张和国家安全同一支强大的美国海军和商船队的存在是紧密联系的。1882年，美国一位并不出名的海军少尉威廉·格伦·戴维也提出，应当恢复美国商船队，建立一支强大的海军力量，以支持和保护国家海外贸易的潜在发展。1889年，英国剑桥大学的约翰·R·西利在一篇文章中指出，大英帝国的崛起与海上力量的发展密不可分。

在欧美资产阶级革命过程中，曾经出现一批伟大、天才的军事思想家和理论家，如德国的克劳塞维茨、法国的拿破仑、瑞士的若米尼等等，他们的许多军事实践和军事思想直到今天还受到人们的推崇。正是他们的思想启发了马汉，大大加快了马汉的理论研究进度。马汉在创作《海权对历史的影响（1660~1783）》时，曾广泛吸取了拿破仑、克劳塞维茨等人军事思想的精华。尤其值得一提的是，马汉为了能从海战史中找到指导未来海战的作战原则，曾反复阅读若米尼的《兵法概论》一书。他的许多观点，是直接借鉴若米尼的军事理论和方法论的。若米尼的军事理论以陆战为基础，马汉则成功地把它们移植到了海战当中。因此，在西方军事理论界，很多人认为马汉的"海权论"与克劳塞维茨、若米尼等人的军事思想有着不可分割的联系，并称马汉是"海军战略的若米尼"。

或许由于陆战始终占据人类战争史上的主导地位，并在相当大的程度上决定着战争的胜负，而海战看起来并不是那么重要，因此历代军事理论家始终偏好研究陆战战争理论，没有对历史上的海上战争经验进行系统和全面的梳理总结。而马汉则凭借着他对海军事业的激情、多年积累的海上实践经验以及深厚的海军历史研究功底，认真展开了对海上战争史的深入研究和系统总结。马汉曾经说过，一般历史学家只研究通史，但对海洋环境和海军形势不熟悉，而海军历史学家又只限于一般地研究海军偶发事件的编年史，而不去伤脑筋寻找通史与海军这个特殊论题之间的联系。马汉的过人之处在于，他不仅是一个称职的职业海军军官，而且还勤奋自学，对历史研究颇有造诣，他把研究海军历史与研究通史很好地结合起来，并形成了自己独特的历史研究方法。他注意把研究海军历史放在通史的显著位置，力图将海军历史研究与世界通史研究结合起来，并找出它们之间的相互关系，通过这种研究来填补这个空白领域，从而形成了完整的"海权论"体系。

马汉对海战研究的兴趣，首先来源于德国历史学家蒙森的《罗马史》，他关于海权影响历史发展进程的认识也是从这里得到"顿悟"的。在研究了古罗马和迦太基两次"布匿战争"之后，他呕心沥血，认真研究了1660年至1815年以来欧美国家的历史和海战史。马汉将海上战争的历史划分为两个阶段：第一个阶段是1660年至1783年的海上战争。早期的资本主义国家如葡萄牙、西班牙和荷兰等，凭借优越的地理条件和强大的海上力量，疯狂地对"新大陆"进行掠夺，并将其变为殖民地，从而极大地促进了本国资本主义的发展和繁荣。与此同时，这些海上强国为夺取世界霸权，相互之间也展开了极其残酷的海上争夺。经过较量，葡萄牙、西班牙和荷兰等国先后登上海上霸主的宝座。后来英国采取正确的战略策略，充分利用欧洲大陆国家之间的矛盾，纵横捭阖，通过一系列海战相继打败了西班牙、荷兰、法国等国，成功地控制了海洋，成为"日不落帝国"。第二个阶段是法国大革命时期（1793~1812）所发生的海上战争。18世纪与19世纪之交，近代史上发生了著名的法国资产阶级大革命，在这场大革命中成长起来的拿破仑通过不断的对外战争，逐步确立了法国在欧洲大陆上的霸主地位。虽然拿破仑具有伟大的军事天赋，在陆上战争中取得了辉煌的战果，但却在海上战争中屡战屡败。英国组织起来的反法同盟虽然在陆战中屡次败北，但却利用其强大的舰队多次打败法国舰队，赢得了海战的胜利，挫败了拿破仑的封锁。尤其是在1805年的特拉法尔加角海战中，英国舰队彻底打败了法国和西班牙的联合舰队，使拿破仑不得不放弃入侵英国本土。通过对海战史的回顾和整理，马汉得出了自己的结论，并进行了高度的理论概括，为其日后创立"海权论"奠定了坚实的理论基础。

因此，完全可以说，"海权"思想源于古希腊和近代军事思想中一些有价值的观念和理论，是对人类海战史尤其是近代以来海战史的高度理论总结。马汉也曾经在很多场合说过，海权思想不是他一个人的独创，而是对前人思想的高度概括和科学总结。

海权论的问世，也与当时美国特定的历史条件相适应。马汉出生时，美国的历史还不到六十年。但正是这个年轻的国家，充分吸取了人类文明的精华，利用第二次工业革命提供的千载难逢的良机，到19世纪末期经济实力已赶上并超过了当时的老牌资本主义强国。科技的飞速进步，生产的高速发展，产品的急剧增加，资本的迅速膨胀，使得美国寻求海外市场的需求比任何一个国家都要强烈。

正当美国资产阶级逐渐将目光转向海外市场的时候，19世纪中期，美国因废奴问题而爆发了"南北战争"。这场内战不仅造成了极大的内耗，而且使得美国无暇他顾，在抢夺势力范围的斗争中也大大落后于欧洲列强。到19世纪末，美国经过二十多年的发展，医治好了战争创伤，经济实力也大为增强，才又开始将目光转移到海外。然而，这种转移却受到了美国传统势力中根深蒂固的"孤立主义"情结的制约。

"孤立主义"情结最早源于从欧洲来到北美大陆的殖民者，他们中的很多人深受欧洲封建主义的压迫，对欧洲腐朽的封建制度十分痛恨。他们认为，美国是一个自由的新国度，而旧欧洲十分腐朽，其内部经常发生你死我活的争斗，美国只有保持自己的独立性，依靠海洋作为自己的天然屏障，在任何时候都不要卷入欧洲的纷争之中，才能做到独善其身，保持长久的安全、稳定和繁荣。这种观点反映在军事上，就是对发展海军十分冷漠，海军只用来执行沿岸防御任务。美国在"南北战争"结束时，海军拥有舰船七百艘，但到1870年底，只有五十二艘舰船在服役，在世界上排名第十二位。这样的海军力量甚至连一些中小国家都不如，自然更无法支持美国向海外扩张。受强大传统势力的影响，早期的马汉也是一个孤立主义者。他认为，美国不应奉行对外扩张的政策，只有这样，才能节省需要投入海军建设的庞大开支，而且也可以避免产生一个强大的军事统治阶层，这对维护美国的民主和繁荣十分重要。

但是，当时的美国也不是铁板一块。尽管国内"孤立主义"势力深厚，仍有不少具有战略眼光的资产阶级代表人物，如西奥多·罗斯福等人就认为，美国应当放弃孤立主义，大力奉行扩张的海外政策，参与瓜分世界，积极寻找海外市场，而美国濒临海洋的地理特征，又决定其对外扩张必须依靠强大的海军。因此，美国应建立一支世界上最强大的海军舰队。在当时的美国，这种观点是很难被认同的，不仅广大的民众反对，国会和政府的不少官员也处处阻挠和限制海军扩建计划。从一开始，美国海军建设之路就是坎坷不平的。19世纪80年代，美国海军开始进行改革，但在指导思想上，美国官方依然只将眼光局限于海岸防御，不愿投入巨资建设进攻性很强的海上力量，这在很大程度上制约了美国对外扩张的步伐。

此时的马汉，却在随军舰走出国门巡航欧亚执行任务的过程当中，深刻感受到了整个世界正在发生翻天覆地的巨大变化以及各国之间激烈的利益争夺。于是，他开始从"孤立主义"者转变为帝国主义者，鼓吹"美国向外看"，热衷于推动美国走扩张主义道路。马汉指出，当今的世界是一个弱肉强食的世界，奉行的是丛林法则，如果美国的力量不够强大，不能保卫自己的安全，最终只能深受其害。因此，美国应该放弃孤立主义政策和军事上的软弱，建立强大的海军，确保美国能够成为主要的商业、工业和军事大国参与世界竞争。唯有如此，美国才能保持国内繁荣和国家安全。为此，马汉猛烈抨击美国的海军改革方案，认为改革过于迟缓，过于保守，过于官僚主义，极力主张美国建立一支具有机动作战能力的庞大海军，并在国外拥有足够的加煤基地，以确保美国的生存与发展。

但是，当时美国的"孤立主义"势力太过强大，政府和国会都不想投入巨资建设强大的海军舰队。此时的美国，迫切需要一种海军理论，以说服美国国会和政府，使他们认识到建立一支强大的海上力量对于美国未来的繁荣强盛至关重要。正是美国国内"孤立主义"与海外扩张两种观点的激烈斗争，为"海权论"的诞生提供了他国所不具备的特殊土壤。

海权论问世

马汉自幼就对海上传奇十分感兴趣。在一定意义上可以说，他对海洋、海军的兴趣是与生俱来的，这是其他许多历史学家和海军研究人员所不具备的。正是因为有兴趣，又对国家发展抱有沉重的责任感和使命感，马汉才能孜孜以求，以海军研究为己任，为建设强大的海军而四处奔走呼号。加入海军以后，马汉经常参加巡航任务，到欧亚非各地执行任务。这些经历，不仅使马汉看到了世界正在发生的巨大变化，了解了世界各国海军的发展现状，而且也进一步加深了马汉对美国海军建设现状的认识和反思。马汉十分勤奋，学习非常刻苦，他经常在休假的时候到图书馆阅读各类书籍，就是在出海勤的时候也忘不了带上书，或者到港口城市的图书馆进行阅读。这些必要的知识准备，对他创立海权论是极有裨益的。

当时，卢斯给马汉提出了两个研究课题：海军战术和海军历史。但很显然，马汉对第二个课题更感兴趣。没有等到执行完海勤任务，他就在"沃诸塞特"号上不断思考卢斯提出的课题，花费大量精力来研究海军历史，利用一切业余时间来准备讲稿，还经常抽空到卡亚俄和利马的图书馆如饥似渴地阅读一切相关资料。1884 年 11 月，马汉随军舰前往南美秘鲁执勤期间，在利马一家英国俱乐部的图书馆里阅读了蒙森的《罗马史》一书。在书中，蒙森指出，在第一次布匿战争中，罗马舰队打败了实力相当的迦太基舰队，建立起了海上优势，并一直保持着这种优势。这样，汉尼拔无法从海路直接进入意大利半岛，只有舍近求远，带领六万士兵取道高卢，翻越阿尔卑斯山进行远征，结果仅途中就损失了三万三千人。汉尼拔进驻意大利之后，只可能有两条路线进军罗马，一条是直接走海路，另一条是经高卢绕行。第一条被罗马人的海上力量牢牢地控制住了，第二条道路则十分艰险。虽然汉尼拔的弟弟哈司德鲁巴尔一直死守第二条交通线的必经之地——西班牙北部，但最后因罗马陆军的占领而被截断了。而罗马陆军之所以能够占领西班牙北部，就是因为它能够获得海上的及时增援。于是，哈司德鲁巴尔只好绕路从比利牛斯山西端向意大利挺进，准备与汉尼拔会合。假如哈司德鲁巴尔带来的部队能顺利地与汉尼拔会合，那么战争可能就会发生决定性的变化，因为罗马此时也已疲惫不堪。然而，就在这紧要关头，海权再一次挽救了罗马。正当哈司德鲁巴尔经陆路进行远距离危险的绕行时，罗马大军统帅西庇阿从西班牙派出了一万一千名士兵经海路去增援与哈司德鲁巴尔对抗的军队。结果，哈司德鲁巴尔派去给汉尼拔送信的传令兵不得不通过重兵驻守的敌占区而落入指挥南部罗马部队的克劳迪亚斯·尼罗之手。尼罗得知哈司德鲁巴尔的行军路线之后，率领八千名精锐部队快速前进与北方部队会师，并以绝对优势的兵力全歼哈司德鲁巴尔的部队。没有了援兵的汉尼拔知道大势已去，一切都已经无可挽回了。这样，整个战争期间，由于罗马人控制了海洋，罗马本土和作战部队可以依靠海洋互相进行支援，而汉尼拔则无论是在海上还是陆地上，都无法获得一条安全有效的补给线。

蒙森评价道：汉尼拔本来应该从海上入侵意大利，但是他却选择了一条错误的陆路入侵路线，从战争一开始，胜负的天平就已经倾向了罗马。即使汉尼拔选择从陆路入侵意大利，也应该马上通过海洋建立与迦太基的联系，以便及时获得兵员和物资的补给。遗憾的是，汉尼拔没有这样做，最终他也就难逃失败的厄运。要不是汉尼拔犯了这个历史性的错误，那么迦太基和罗马的命运将会发生戏剧性的转变。他由此得出结论：汉尼拔错过了选择"海上控制"的历史机遇。蒙森对汉尼拔选择陆路进攻所持的异议，使马汉立即产生了顿悟：海权在布匿战争中是一种决定性的因素。他说："我终于悟出了对海洋控制是一个历史要素这样的设想。"这个领悟对海军历史的研究是一次颠覆性的革命，也彻底地改变了他的人生轨迹，最终使他成为家喻户晓的人物。蒙森把布匿战争的最后结局归因于"海上力量"的结论对马汉的思想影响至深。然而，他也不完全同意蒙森的观点，而是进一步发展了蒙森的思想，把自己的理论确立在"海洋控制"的观念之上。"海洋控制"这个概念在内涵上包含着比"海上力量"更为深厚的历史因素，这也是马汉对前人思想的扬弃和发展。

经过艰辛的努力，海军史基础理论和提纲终于在1886年1月22日定型。马汉在给卢斯的信中写道："我已勾画出海军历史课程的轮廓，虽然还不够精确……但是，现在可以开始着手综合考虑海洋对人类的价值以及国家对海洋的利用和控制的效果，反过来说，就是海洋对和平发展与军事力量的影响。在我的讲稿中，将自然而然地导致对'海权'的探讨。'海权'，依赖于一个国家的资源（既包括商业的，也包括军事的），依赖于国家特别的地理位置，它的海岸和港口的特征，适合的国民性格，对世界各地军事港口的占领，以及所属殖民地及其资源的广度和深度。"在这封信中，马汉已经初步勾勒了海权的几个要素，并明确指出海权对国家的安全和历史发展进程所起到的重大意义。

毫无疑问，马汉自己也觉得"海权"这个概念是一个创造性的贡献。他在给卢斯的信中要求："我希望你对这封信的内容加以保密，以便使我心中正在酝酿的思想观念，能在适当的时候变成真正的闪电和惊雷。"不仅如此，马汉还为这封信誊写了两个副本，并在其上用大字标出："'海权对历史影响'的创造性概念的明证。"给卢斯的信发出去四个月后，马汉又在这两个副本上注明："这封信在我正式动笔写'海权论'讲稿前四个月就发出。"这充分说明，马汉极度珍视自己对"海权"概念的创造发明权。

"海权对历史的影响"讲座，受到了海军军事学院研究班学员的一致赞赏和热烈欢迎。学员们都认为，他的讲授资料翔实，论据充分，引证有力，针砭时弊，切中要害，使人大开眼界。对马汉的基本观点，学员们也都很赞同，他们中的多数人认为应该对海军进行改革，加快建设力度，为美国的海外扩张提供强大的力量支持。

艰难的出版历程

海军军事学院研究班学员对讲座的热烈反响，使马汉信心大增，产生了将讲稿整理出版成书的想法。卢斯少将对此十分支持，他认为这本书的出版将会引起海军军官和一般公众对海军军事学院的注意，有助于为学院的生存而进行斗争。马汉首先将书稿送到查尔斯·斯克里布纳之子印刷所，该印刷所曾于1883 年出版过他的《海湾和内陆水域》一书。但是印刷所研究后认为这本书的专业性太强，不能吸引大多数读者，销路肯定不好，于是拒绝出版。马汉又将书稿先后送到几家著名的出版公司，但无一例外都受到了冷遇和白眼。

在找不到出版商的情况下，马汉甚至想找私人资助出版著作。但是他一直认为出版这样的著作是政府的责任，因为这些著作与政府的目标是一致的。因此，他一边找赞助，一边继续积极寻找愿意出版这部著作的商业出版社。在国内印刷所都拒绝出版的情况下，马汉写信给英国的朋友，希望能够寻找一家英国出版商，但最后还是未能如愿。至此，马汉感到极度失望和沮丧。关键时刻，海军部长助理詹姆斯·R·索利为闷闷不乐的马汉带来了一线希望。索利把马汉介绍给波士顿的利特尔-布朗出版公司综合文学部主编麦金泰尔，并催促马汉给麦金泰尔送去一份手稿。麦金泰尔阅读完手稿后，敏锐地意识到这是一部非常重要的著作，强烈建议他的雇主约翰·M·布朗（利特尔-布朗公司的所有人）出版这部著作。根据麦金泰尔的建议，索利替马汉准备了一封给布朗的介绍信，教他如何接近这位著名的出版商。最终，布朗答应出版这份手稿。

书稿从 1889 年 10 月开始印刷。到 1890 年 5 月，第一版美国版的《海权论》问世了，此后该书在美国再版了三十多次。晚些时候，英国的桑普森·洛-马斯顿出版公司也出版了英国版本的《海权论》，并迅速在英国引起了轰动，书中关于英国的描述被大量引用、转载和评论。历史就是这样充满了戏剧性，当初英国的出版商都拒绝出版马汉的这部著作，最后恰恰是在英国，这部著作获得了空前的赞赏和成功。

这部惊世之作，书名为《海权对历史的影响（1660～1783）》，从出版之日起就获得它应有的社会价值，受到当时世界各国的竞相追捧，成为影响整个20世纪世界各大国海军发展和海军战略的最重要著作。究其原因，就是因为它的提出适应了当时时代发展的需要。

当时，一批新兴的资本主义国家利用第二次工业革命的技术成果，经济实力大为增强，美国、德国、日本等先后赶上甚至超过英、法，跻身于世界强国之林，成为举世瞩目的后起之秀。新兴资本主义国家迫切需要更大、更多的海外殖民地进行大规模的商品和资本输出，而此时，亚非拉的广大殖民地早已被老牌资本主义国家瓜分殆尽。英国抢占了地跨五大洲、总面积达三千多万平方公里的殖民地，为其本土面积的一百多倍，超过了其他帝国主义国家殖民地面积的总和。当时仅次于英国的第二工业大国法国也抢占了总面积将近四百五十万平方公里的殖民地。就连日益衰落的老牌殖民帝国西班牙、葡萄牙等也仍然在世界各地占有不少地盘。相比之下，后起的美国、德国、日本、意大利等国虽然在工业上迅速接近甚至超过英、法等国，但却难以改变殖民地的分布格局，只能吃些残羹冷饭，夺占一些土地贫瘠、人口稀少的殖民地。这种状况当然不能令新兴帝国主义国家满意，它们要求在政治上和经济上重新瓜分世界的愿望日益强烈。但是，重新分割世界却并不是那么容易的。重新分割意味着要把"有主"的土地从一个帝国主义国家的手中转到另一个帝国主义国家的手中。显然，重新分割土地只能按照实力的原则进行分配。换言之，谁的实力强大，谁就能从别人的手中抢到地盘。这样，战争，尤其是海上战争理所当然地成了帝国主义国家抢占海外殖民地、重新瓜分世界的主要手段。新兴的帝国主义国家要想争取"发展的空间"和"阳光下的地盘"，就只有与老牌帝国主义国家展开激烈的争夺。老牌帝国主义国家要想保有已经到手的领地，就必须坚决地回击新兴帝国主义国家的挑战。在这场你死我活的较量中，制海权是一个重要的砝码，因为争夺的目标主要是海外殖民地。没有一支强大的海军，没有制海权，就不能保卫生死攸关的海上交通线，就不能及时从海外殖民地获得源源不断的补充，最终也就难以取得胜利。正是意识到了这一点，在总结以往历史经验教训的基础上，马汉提出了海权对历史具有重要影响的命题，对美国海军和美国历史的发展产生了至关重要的影响，在世界范围内引起了广泛的关注。

风靡世界的理论巨著

《海权对历史的影响（1660～1783）》于1890年出版后，很快便风靡世界，成为当时有名的畅销书。西方的政界、军界和舆论界都对该书予以极大重视，高度评价其价值，认为马汉创立的"海权论"在海军史上具有划时代的历史意义。有些人甚至将马汉与哥白尼相比，认为马汉创立"海权论"就像哥白尼创立"日心说"一样，开创了一个崭新的时代。

《海权论》出版后，第一个作出高度赞赏的就是马汉的好友西奥多·罗斯福，他后来成为美国第二十六届总统。他在写给马汉的贺信中说，"它是我所知道的这类著作中讲得最透彻、最有教益的大作"，"它是一本非常好的书，妙极了，如果它不成为一部海军圣典，那将是我的极大错误"。接着，罗斯福在《大西洋月刊》发表评论文章，用热情洋溢的语言对《海权论》

的出版给予高度评价。他说："马汉上校清晰地写出了一部有关海军历史最好的、最重要的、尤其是最有趣的著作。"几天后，为《海权论》配插图的利特尔上尉，也来信向马汉表示祝贺。他说，如果出版商能把他准备的彩图印刷出来，那样效果会更佳。还有很多其他的海军军官，如福尔杰上校、杜威上校、戴维斯上校等也很快就认识到这部著作的重要价值，他们对这部著作所传达的信息给予了高度评价。

最令马汉感到惊喜的是，一些反对海军军事学院的美国军官也对《海权论》产生了极大的兴趣。海军训练站司令邦斯准将就是其中之一，他曾经是公开反对成立海军军事学院的坚定分子，但读了《海权论》后，又对马汉大加赞赏。他在一封短信中不无恭维地说："你是我们国家第一流的海军战略家。"就连跟马汉一向不和的施莱上校，也写信向他表示祝贺。美国的《芝加哥时报》则评论说，马汉的海权论"令人吃惊地发现，在整个历史上，控制海洋是一个决定国家的领导地位和繁荣的主要因素，同时也常常是决定一个国家存亡的主要因素"。《辛辛那提公报》明确指出，美国目前仍然不是海洋大国，但是国家的这种命运应当优先予以考虑。

马汉在书中鼓吹走发展海权以求国家繁荣富强的道路，在很大程度上起到了唤起美国政府和一般民众重视海洋价值、增强海洋意识的作用，对美国放弃"孤立主义"政策，走上争夺海洋之路起到了积极的推动作用。美国政府不久也接受了马汉突破传统的近岸防御思想，建立了一支具有进攻能力的强大海军。1898 年，美国在美西战争中打败了西班牙，控制了加勒比海、波多黎各和关塔那摩，并占领了菲律宾，随后又吞并了夏威夷、威克岛、关岛等，走上了向亚洲扩张之路。1908 年美国海军实现了从沿岸防御战略向远洋进攻战略的转变，其实力从19 世纪 80 年代的世界第十二位跃居世界第二位，仅次于英国。罗斯福组织美国海军史上历时十四个月之久的"大白色舰队"的环球航行活动，向世人展示和炫耀了美国海军的实力，震惊了全世界。第一次世界大战中威尔逊总统也是依据马汉的思想，促使国会通过著名的"海军法案"，建成了世界上第一流的海军舰队，从而取代了英国海洋霸主的地位。当时就有许多评论者认为，马汉的著作是美国内战后开始结束"孤立主义"政策的信号，也是美国帝国主义发端的信号，美国在不久的将来注定要同英国争夺在海军和商业方面的世界领导地位。

当时的英国是当之无愧的海上霸主，对于这样一部著作首先出现在美国而不是大英帝国，英国人并不感到难堪。他们指出，早在马汉的著作发表之前，英国的皇家联军研究机构的不少文章就已经讨论过马汉的思想，并一直遵循着类似的思路，但他们同时也不得不承认，"首先达到这一目标的是马汉上校"。不少英国评论家称这本书在"海军史著作方面名列前茅"，并公认马汉是"海军的贤哲之一"。《海权论》特别适合英国军官的口味。英国地中海舰队"泰梅雷里"号舰长诺埃尔上校最先给马汉来信致贺："我从未见到和读过比《海权论》更精彩的海军读物了。它妙趣横生，观点鲜明，分析透彻，事实准确，知识广博。而在我们国家的海军中，至今还没有出现一本这样有趣的读物。"贝雷斯福德海军上校也给马汉写信说："如果我有至高无上的权力，我将命令大英帝国及其殖民地的各家各户的书房里都摆上你的著作，教育我们的人民，我们是如何为控制海权进行不屈不挠的战斗，又如何通过对海权的控制而首先为伟大帝国奠定了基础。"

《海权论》的出版，给英国倡导海权的人无疑是注入了一剂强心针。当时，英国有相当一部分陆军军官和文职官员主张，英国的海军实力已经足够强大，没有必要再投入过多的精力和金钱，只要沿英国海岸设防，就足以保护本土的安全。这种观点当然引起了不少反对的声音，而马汉的著作正好给他们提供了强有力的反驳武器。科洛姆海军少将是英国较早论述海权的历史学家之一，《海权论》出版时，英国的《陆海军画报》也开始连载他所著的《海战》一书。他在序言中写道："我非常高兴地看到，马汉上校的《海权论》在大西洋彼岸出版，这位才华出众、思想深邃的作家，其著作的某些思想与我的观点不谋而合。"英国皇家海军的劳顿教授、鲍里斯教授和伦敦的《泰晤士报》的海军专栏作家瑟斯菲尔德也对马汉的著作极为赞赏。瑟斯菲尔德还高度赞扬"马汉在《海权论》中探讨的精神，完全可以与亚当·斯密在《国富论》中的精神相提并论"。英国决策者依据马汉的思想，出台了"双强标准"——英国海军舰船总吨位不少于两个仅次于它的大国海军的吨位之和这一新的海军建设方针，以确保英国的海上霸主地位。这为英国在随后不久的第一次世界大战中战胜德国发挥了关键性作用。

　　就在马汉的《海权论》问世前一个多月，即1890年3月，德国著名的"铁血宰相"俾斯麦首相被德皇威廉二世解职。俾斯麦是普鲁士王国的首相，他在任职期间推行"铁血政策"，发动了丹麦战争、普奥战争和普法战争，统一了四分五裂的德意志各邦，是德意志帝国的开国元勋。在任德意志宰相期间，为了争取有利于德国发展的外部环境，极力主张采取"大陆政策"，避免引起海上霸主英国的猜忌。经过苦心经营，逐步确立了德国在欧洲大陆的霸权，并与英国保持了较好的关系。

尽管俾斯麦功勋卓著，但他在究竟是维持德国在欧洲的大陆霸权，还是发展德国在世界的海上霸权的问题上，与德皇威廉二世产生了严重分歧。皇帝认为，德国需要一支海军保护其日益兴旺的商船队和迅速增长的海运贸易，并夺取尽可能多的海外殖民地。他狂热地鼓吹："德国的殖民目的，只有在德国已经成为海上霸主的时候方能达到。"虽然他意识到德国的未来在海上，但对改变德国民众根深蒂固的大陆意识却束手无策。他最需要的，就是一套完整系统的建设一支强大的海上力量的理论。因此，当看到马汉的著作时，他欣喜若狂，如获至宝。他说："我现在不是在阅读，而是在吞噬马汉的书，努力地把它牢牢地记在心中。这是第一流的著作，所有的观点都是经典性的。我们所有的舰船上都要有这本书，我们的舰长和军官要经常地引用它。"马汉的观点使威廉二世更加确信，他关于德国未来的崛起依赖于控制海洋的判断是正确的，从此下定决心，一改只注重陆权的军事传统，大力发展海军，争夺海上霸权。德皇出台了极具德国特色的"冒险理论"和"存在舰队"战略，出台了庞大的海军建设计划，从此走上了扩建海军的道路，并在短短的十多年中，建成了一支仅次于英国的海军舰队，成为英国在第一次世界大战中的强劲对手。

俄国统治者很久以来就渴望拥有属于自己的出海口，改变俄国作为内陆国的闭塞状态。彼得大帝曾说过，"水域——这就是俄国所需要的"，"只有陆军的君主是只有一只手的人，而同时也有海军才能成为两手俱全的人"。为此，他向南北两个方向发动了争夺海域的战争。在彼得大帝及其后继者的努力下，俄国先后打通了黑海和波罗的海的出海口。当马汉的书传到俄国时，在俄国的统治者中引起了强烈的共鸣，他们将其奉为"海军的圣经"。当时的沙皇尼古拉二世借此迅速重振俄国海军，企图与欧洲的海洋强国一决雌雄。

《海权论》出版时，法国是世界第二海军强国。很自然，马汉对海权的论述也引起了这个国家的注意。法国海军上校达里耶是法国海军军事学院的战略与战术学教授。他说："对马汉的著作，要阅读再阅读。"他非常同意马汉对法国历史上丧失海权教训的论述，并为法国海权的衰落而感到深切的悲哀。不久，他写了一本名为《海上战争》的书，以唤起国人对未来海上争夺的重视。

《海权论》的出版，不仅在欧美掀起了狂涛巨浪，也直接影响了日本。该书一出版立即被译成日文，日本上至天皇和皇太子，下到政府官员、三军军官和学校师生，都争相传阅。很快，举国上下统一了发展强大海军的思想，励精图治建设了一支强大的舰队，并且在马汉制海权理论指导下，制订了同中国清王朝作战的战略计划。在日本海军发展的早期历史中，佐藤铁太郎是一个值得关注的人物。他出生于 1865 年，是日本明治时期的海军军官，后官至海军中将，被誉为日本海军第一代战略家，他本人亦有"日本马汉"之称。佐藤的军事思想深受中国军事战略家孙子和马汉海权论的影响。他将马汉的思想加以改造，创立了日本特色的海洋国防理论。正是在他的倡导下，日本的海军得到了长足的发展。在赢得了同中国的"甲午海战"和同俄国的"对马海战"的胜利后，日本一举成为 20 世纪初的世界海军强国。

有人曾说，是马汉《海权论》的出版激起了欧洲各国海军在 19 世纪 90 年代的强烈复苏，并直接促使欧洲各大国展开了激烈的海军军备竞赛。事实上，什么样的时代催生什么样的理论，理论是对时代的反映。应该说，《海权论》正确地反映了当时欧美列强争夺海外殖民地的趋势，并对欧洲各国掀起的造舰狂潮起到了推波助澜的作用。早在 1888 年，伦敦《泰晤士报》就宣称："海军竞赛的新时代已经来临。"从 1889 年春，针对德国的造舰计划，英国就开始了一项加速舰船建造的计划。汉密尔顿勋爵在下院发表演讲时，阐明造舰计划的基本原则是"双强原则"，并强调指出："英国必须在增加海军经费和减少国家安全之间作出选择。"这项宏大的造舰计划规定要建造八艘第一流的战列舰、二艘第二流的战列舰、九艘第一流的巡洋舰、三十三艘小型巡洋舰、十八艘鱼雷艇，共七十艘舰艇，总排水量达三十一万八千吨，日程表规定在四年半内完成。法国、意大利、俄罗斯，甚至奥地利也相继出台了自己的造舰计划。欧洲海军军备竞赛的序幕正式拉开了，一场激烈争夺未来海上优势的战争已如箭在弦，随时都有可能爆发。

第 3 章

海权论：影响海权发展的诸要素

海权论是马汉立论的基础。马汉一生著述颇丰，专著就有二十多部。其中最重要的是 1890 年出版的《海权对历史的影响（1660~1783）》，1892 年出版的《海权对法国大革命和帝国的影响》，以及 1905 年出版的《海权与 1812 年战争的关系》。这三部书被称为海权论三部曲，其中最重要、最著名的是第一部，它是马汉的成名作，是海权论三部曲的首部曲，也是海权论的奠基之作。第二部和第三部可以看作对第一部在历史上的延续和资料上的补充。

海权的实质

马汉在《海权对历史的影响（1660~1783）》前言中开门见山地提出了撰写这本书的目的，"就是为认真地研究欧洲和美洲的通史，研究有关海权对欧洲和美洲历史发展的影响"，"在于把海权放在最突出的位置……并且试图说明周围环境是怎样影响海权的，海权又是怎样改变周围环境的"。这就是马汉对该书的定位。

他的写作初衷源于这样一种认识，即在他以前的历史学家们对海上情况知之甚少，对海洋既没有特殊的兴趣，又缺乏这方面的专业知识，因此在他们的著述中往往忽略了海权对重大历史事件所产生的深刻而具有决定性的影响，而熟悉海洋的海军史学家们又通常把他们的研究局限在单纯的海军事件编年史上，对世界通史和海军史之间的联系缺乏严谨细致的思考。正是对海洋和海军研究这种现状的不满激发了他强烈的创作欲望。

当然，他也十分清楚，要一般性地说明利用和控制海洋是世界历史发展的一个重要因素是比较容易的，但要把这个重要的因素准确地寻找并表达出来则困难得多。马汉缺乏历史学的正规教育，也没有更多现成的研究成果可供借鉴，更没有名师指点迷津，一切只能靠他自己去创造。在长期的研究和著述中，马汉逐步发展出一种他称之为"历史类举法"的历史学研究方法，并一直津津乐道，引以为豪。这种研究方法，主要是精心搜集和筛选历史事实，并对其进行全面的评论，以此作为论据对已经明确的研究主题和理论结论进行说明，从而将理论和实际很好地结合起来。这种方法不同于一般的以史带论的历史研究方法，它使所阐述的理论相当严密，其结论也具有强烈的说服力和感染力。很显然，这是一种推理演绎的研究方法。

《海权对历史的影响（1660～1783）》一书实际上由两个部分组成。纽约的《独立报》就曾评价道，马汉实际上写了两本很不同的书，第一本书应该题为"海权的诸要素"，包括前言、绪论和第一章，约占全书的六分之一，这部分是概括性的，涉及国家政策问题，向政治家们发出了呼吁；第二本书是"海权对历史的影响"，包括这部著作的其他章节，约占全书的六分之五，这部分是从历史和专业的角度对 1660 年至 1783 年期间欧洲主要海战所作的评论。在第一部分，马汉将海权的概念、建立和发展海权的环节、影响海权发展的条件，以及海权能够影响国家兴衰乃至世界历史等这些具有全书结论性的内容向读者展示出来，从而给读者留下了十分鲜明而深刻的印象。这部分在理论上相对独立和完整，是全书最精彩、最核心的部分，也是最能体现马汉思想的内容。在第二部分，马汉评述了从 1660 年至 1783 年间西班牙、葡萄牙、荷兰、英国、法国等欧洲海上强国争夺海洋霸权的过程，全面回顾和总结了欧洲的海战历史。这部分资料翔实，评论中肯，是马汉全部理论的基础和依据。

在绪论中，马汉一针见血地指出，海权是利用和控制海洋，使国家和民族繁荣强盛起来的所有事情；发展海军以争取海权是每个海洋大国在未来的贸易竞争中保持优势地位不可或缺的重要条件。他说："海权的历史，虽然不全是，但是主要是记述国家与国家之间的斗争，国家间的竞争和最后常常会导致战争的暴力行为。海上贸易对各国的财富和实力的深远影响，早在指导海上贸易的发展和兴旺的正确原理被发现之前就已经被人们清楚地认识到了。一个国家为了确保本国人民能够获得不均衡的海上贸易利益，或是采用平时立法实施垄断，或是制定一些禁令来限制外国的贸易，或是当这些办法都失败时，便直接采取暴力行动来尽力排除外国人的贸易。这种各不相让的夺取欲望，即或不能占有全部，至少也要占有大部分贸易利益，以及占领那些尚未明确势力范围的远方贸易区域。这些利益冲突所激起的愤怒情绪往往导致了战争……因此，海权的历史，从其广义来说，涉及了有益于使一个民族依靠海洋或利用海洋强大起来的所有事情。海权的历史主要是一部军事史。"

　　毫无疑问，马汉清楚地认识到，资本主义国家对获取财富的欲望是无止境的，它们的对外贸易必然伴随着血腥和暴力。尤其是在当时，主要资本主义国家都拥有大量的海外殖民地，海外贸易是整个贸易的重要组成部分。因此，海洋必然成为各海上强国进行争夺和发生冲突的主要领域。而要保护本国的船舶和贸易的顺利开展，就必须建设一支强大的海军。对此，马汉正确地指出："海军的出现是由于平时有海运，随着海运的消失，海军也将消失。除非当一个国家有了侵略意图时，才会保持一支海军，并且也只是作为军队编制的一部分。"至此，马汉揭示了一个已经运行了数百年的道理：海军除了作为军队的一部分来保卫国家或进行侵略外，还可以用来保护本国的海上贸易。事实上，数百年来，不少国家和政府正是这样做的。尤其是近代以来，欧洲列强就是先用坚船利炮敲开别国的大门，然后用军舰和刺刀来保护海外贸易的顺利开展。马汉在这里重新定义了海军的性质和作用，实际上也是在向各国政府兜售他自己的一贯主张：既然海军无论是战时还是在平时都有如此巨大的意义和价值，那就是一笔划得来的买卖，为什么还要吝啬那点投入海军建设的资金呢？

　　在马汉看来，海上贸易离不开海军的保护，而一支强大的海军也离不开由海上贸易带来的财富的支持。只有那些没有意识到海上贸易有利可图，并对海上贸易不感兴趣的国家，才会忽视海军的发展。而没有海上贸易支持的海军，即使它再强大，也经不起战争的考验，迟早会衰退下去。马汉认为，资本主义制度是一种弱肉强食的制度，战争是人类生存的重要组成部分。因此，他始终在强调这样一种理念，国家为了生存与发展，必须建立强大的海军，以保护不断发展的海外贸易，获得更多的财富，以使国家长久保持繁荣强盛。

马汉在书中一再强调，海权并不单纯指一个国家的海军力量，它是海上贸易和强大海军的有机结合。实际上，马汉选择使用"Seapower"这个单词并不是随意的，而是经过深思熟虑的。"Seapower"一词在英语中有多重含义，既有"海上力量"的意思，又可以翻译为"海上实力"，还可以理解为"海上强国"。马汉曾经说过，他之所以不用 maritime 这个词，是因为这个词太通俗，不能引起人们的注意，而且也不能完全表达他心中之所想。在定义 Seapower 时，他指出，它不仅包括用武力控制海洋或海上军事力量的发展，而且还包括舰队赖以存在的平时贸易和海运的发展。在绪论中，他进一步将 Seapower 定义为："从其广义来说，它涉及了有益于使一个民族依靠海洋或利用海洋强大起来的所有事情。"显然，马汉在这里不仅强调了海军力量的发展，而且还特别强调了与海洋有关的商船队和海运等能力的发展。总而言之，海权不仅只在于其强大的海军，也不只单独存在于兴旺的贸易之中，海权在于强大的海军和海上贸易两者的完美结合。其实质是国家通过运用海上力量与正确的斗争艺术，实现对海洋的全面控制。我国大部分学者将 Seapower 翻译为"海权"，但也有一些学者将其翻译为"海上力量"或者"海上实力"。从上述分析来看，似乎翻译为"海权"更确切些，因为这更能体现马汉的原意，也更能揭示其深刻的内涵。

生产、海运和殖民地：发展海权的三大环节

马汉认为，海权产生、发展有三大环节：生产、海运和殖

民地。"生产，是交换产品所必需的；海运，是用来进行不断交换的；殖民地是促进和扩大海运活动，并通过不断增加安全的据点来保护海运。在这三者中，我们将会找到决定濒海国家的历史和政策的关键。"马汉把这三者看作海权产生和发展的三块基石，而其中的首要环节就是生产，尤其是用于交换的生产。

我们都知道，资本主义时代生产的一个最大特点就是用来交换。只有当生产是为了交换，并且交换的主要对象是在海外时，一国的经济发展才会呈现出强劲的扩张势头，并对海外贸易的胃口越来越大，这正是发展海权最坚实的经济基础和内在动力。为此，马汉曾明确指出，"海权根本有赖于商业"，因为只有商业发展，才有了发展海权的内在需要，并且为发展海权提供强大的经济实力。要发展海权，首先就要有为了交换而进行的生产。

16世纪资本主义萌芽最早的西欧国家——荷兰和英国，商业生产最发达，因而海权也最强大。西班牙和葡萄牙虽然商业生产也产生较早，但他们发展商业主要是为了赚取奢侈品，而不是为了进一步扩大再生产，因此建立起来的海权很快就随着生产的衰败而衰落了。对于法国来讲，由于君主专制制度的阻碍，资本主义生产方式一直发展非常缓慢，商业生产没有坚固的基础。在遇到英明的统治者的时候，法国的海权就有所发展，一旦统治者转移意志，建立和发展起来的海权很快便会衰落。作为一名美国人，马汉对美国发展海权的第一个环节十分自信。南北战争后，美国已经进入了一个经济高速发展的黄金时期，生产能力已经超过很多欧洲国家，进入世界前列。事实上，到1890年，美国工业在世界工业中的比重已达31%，超过了英国，成为世界上最强大的工业国。因此，当时的美国已拥有了建立和发展海权的第一个环节——生产。

建立和发展海权的第二个环节是保证产品能顺利交换的海运。马汉把海洋比喻为可以通向四面八方的"广阔的公有地"，但是由于受到各种条件的制约和限制，只能选择其中的某些作为固定的航线，这就是贸易航线。在马汉眼里，海洋是进行海外贸易，使国家和民族繁荣富强的黄金通道。国家无论怎样强大，一旦与外界隔绝，就会陷入衰败。而如果控制了海洋，就能控制海上交通，将商品运往海外市场，获得巨大的财富。

马汉所说的"海运"包括了两个密切相关的内容：商船队和海军。要实现国内商品与海外市场的交换需要足够的商船队，其规模及能力决定着一国的海外贸易能否顺利实现。但仅有商船队是远远不够的，因为海上航线漫长，可能遇到各种各样的危险，尤其是来自敌国或者海盗的武装侵扰。因此，商船队必须由武装船舶为其提供保护，这就是海军。商船队和海军，两者相互联系，缺一不可。没有海军，就不能获得制海权，商船队就很难安全地进行海外贸易，而没有强大的商船队，就难以保证经济的繁荣，海军也就失去了生存的根基。

就当时的世界而言，英国不仅拥有庞大的商船队，还建立了一支世界上最强大的海军。因此，英国发展海权的第二个环节是坚实的。荷兰的海军力量和商船队也发展迅速。法国在柯尔培尔政策的刺激下，一方面准备组建强大的海军，另一方面也在致力于建设强大的海外贸易团队，因而发展海权的第二环节势头十分强劲。相反，西班牙由于在 1588 年的海战中，"无敌舰队"遭到惨败，此后再也没有恢复元气，国内制造业和商船队也大大萎缩。马汉预言，西班牙将可能因此走向全面衰退。事实也正是如此。对于当时的美国，马汉认为，美国并不具备发展海权的第二个环节。虽然美国工业发展迅速，但是美国一直都没有建立起自己的商船队和强大的海军，当时美国的贸易主要靠租用其他国家的船舶。而之所以会出现这种情况，就是因为美国国内主流观点认为，如果美国要发展商船队，就必须花费巨金来保护它们。而在当时，完全可以靠"旗帜保护"的原则来实现海外贸易。即使美国的海岸线被封锁，中立国家的船舶仍可以自由往来，同样可以利用这些船舶使美国与外界保持贸易联系。况且，美国拥有漫长的海岸线，很难有国家能对美国实施全面封锁。因此，美国没有必要建立自己的商船队和强大的海军。对此，马汉进行了强有力的批驳。他认为，对于任何一个海上强国来说，要封锁美国的波士顿、纽约等主要港口是完全可能的，这种封锁将会造成普遍的恐慌和物资短缺，对美国的安全和利益损害极大。因此，美国要成为一个不依赖他国的海上强国，就必须马上建立一支庞大的商船队伍，同时还要建立一支强大的海军，以保持美国的主要贸易航线畅通，保证美国的安全和利益不受侵害。

除了用于交换的生产和畅通的海运，一国建立和发展海权还有第三个重要环节，即占有广大的殖民地。殖民地的作用，是"促进和扩大海运，并通过不断增加安全的据点来保护海运"。殖民地是15世纪地理大发现后，西方资本主义国家在亚非拉等落后国家和地区建立起来的。这些地区资源丰富，是殖民者掠夺资源和大量倾销商品的主要场所，西方资本主义的迅速发展正是建立在对殖民地的残酷掠夺的基础上的。另外，殖民地还可以为宗主国提供补给和安全据点。任何国家的船舶离开本国海岸，就需要得到能供贸易、避难和补给的场所，殖民地可以满足这些需要。在和平的时候，这些据点可以比较方便地使用，但是一旦发生战争，情况就会有所改变。要想在任何时候都能方便地利用这些据点，就只有永久性地占领。因此，马汉极力主张通过各种手段占领和控制更多的殖民地以确保海上航运畅通和有效补给。当然，这种占有离不开海军的帮助。任何一个国家要想成为海上强国，就必须尽可能多地占领和控制海外殖民地，否则最终都难以避免失败的命运。大量丧失海外殖民地正是荷兰海权衰落的一个重要原因。荷兰本是第一个充分发展了殖民制度的资本主义国家，但由于荷兰人在建立殖民地时，满足于在独立自主的国家的保护下进行贸易，结果，当这些殖民地被他国夺占时，荷兰的生产和海运便日益萎缩，素有"海上马车夫"之称的荷兰便日渐式微了。正因为如此，马汉建议美国政府要及时建立自己的殖民地，为国内过剩的生产找到足够的市场，并在将来作战时，能为自己的军舰找到栖息的港口，能及时补充燃料和进行维修。

总之，在马汉看来，生产、海运和殖民地是发展海权的三大环节，缺一不可。只有尽一切可能把握这三大环节，并使这三大环节相互协调地发展，国家的海权才能得到健康发展，缺少其中任何一个环节都会导致海权的丧失和国家的衰落。马汉认为，当时的美国只具备发展海权的一个环节，即充足的用于交换和贸易的国内生产，它还缺乏海外殖民地，以及作为中间环节的海运和与海运有关的其他条件。当然，他也认为，这两个环节的缺乏是可以弥补的，这也正是他写这本书的目的之一。

影响海权发展的六大要素

马汉指出，并非任何国家都有平等发展海权的机会。事实上，有六个基本要素直接影响和制约着海权的建立和发展。

第一个要素是地理位置。马汉认为，地理位置是决定一个国家建立和发展海权的首要条件。那么，什么样的地理位置才最有利于发展海权呢？

首先，如果一个国家所处的位置，既不靠陆路去保卫自己，也不靠陆路去扩张其领土，而完全把目标指向海洋，那么这个国家就比一个以大陆为界的国家具有更有利的地理位置。就是说，濒海国家尤其是岛国和群岛国家更容易把注意力放在建立和发展海权上，因而比大陆国家拥有更大的发展海权的优势。马汉举例指出，英国在地理方面的优势就大于法国和荷兰。法国和荷兰有较长的大陆边界，因此不得不长期保持较大规模的陆军。尤其是法国，它既有较长的大陆边界，又有漫长的海岸线，这种地理环境使得它的政策经常摇摆不定，有时注重发展海权，有时又由海上转向大陆扩张，最后丧失发展良机，在与英国的斗争中落败。英国则完全不一样，由于英伦三岛与整个欧洲大陆分离，可有效地利用英吉利海峡这一天然屏障抵御来自欧洲大陆的入侵，因此它能心无旁骛地发展海权。

其次，如果一个国家的地理位置不仅有利于集中它的部队，而且还能为对付敌人可能的进攻提供作战活动的中心位置和良好的基地，那么这种地理位置也是有利于发展海权的。在这一点上，英国也具有比其他国家更为有利的条件。英国一方面面对着荷兰和北方强国，另一方面又面对着法国和大西洋。当英国受到法国、北海和波罗的海一些海上强国联盟的威胁时，位于唐斯和英吉利海峡的英国舰队，甚至位于布雷斯特外海的英国舰队都占据了有利位置，英国联合舰队可以迅速反击想通过英吉利海峡进行会合的盟国舰队。法国不一样，它的优势主要体现在便于从事针对英国的劫掠战。因为法国在北海、英吉利海峡和大西洋上都有港口，这些港口靠近英国的贸易枢纽，私掠船很容易便能进行劫掠和破坏。而美国在国外大的贸易中心附近都没有港口，因此美国的地理位置非常不适合进行法国式的破坏贸易的作战活动。

最后，如果一个国家的地理位置除了具有便于进攻的条件外，还坐落在便于进入公海的通道上，并控制了一条世界性的主要贸易通道，那么它的地理位置就具有重要的战略作用。英国在这方面也占据了有利位置。因为，荷兰、瑞典、俄国、丹麦的贸易以及经各大河流进入德意志境内的贸易，都必须经过英吉利海峡。相反，西班牙由于失去了直布罗陀，意大利由于失去了马耳他和科西嘉，它们的地理位置的优越性就丧失大半了。从有利于建立和发展海权的三个地理条件看，英国无疑是最有利于发展海权的，事实也是如此。

马汉最后从历史的经验总结出了两个观点。第一个观点是地中海在世界历史的进程中起到了独特的作用。无论是从贸易角度，还是从军事角度来看，它所起的作用都比同样大小的海域所起的作用大得多，所以一个国家接着一个国家都想要控制它。毫无疑问，控制地中海对一个国家赢得发展海权的有利地理位置至关重要。

第二个观点是由第一个观点引申出来的。即美国要想发展海权，就必须控制与美国获得发展海权优势地理位置密切相关的地区，尤其是巴拿马运河和加勒比海地区。他认为，加勒比海在许多方面类似于地中海，一旦巴拿马运河修通，那么加勒比海就会从一个终点站、一个地方性的贸易场所，变成世界上一条比较重要的交通干线。沿着这条干线可以进行大量贸易，并且可以把其他大国的利益，主要是欧洲国家的利益带到美国东西两边的海岸。美国的位置与这条航线的关系，将会类似于英国和英吉利海峡的关系，类似于位于地中海的国家与苏伊士运河的关系。为此，马汉极力向美国政府建议，必须掌握巴拿马运河的开掘权并控制运河区，还应在加勒比海占领一些地方，用作应急或辅助性作战基地，使美国舰队能尽快赶到出事地点。这样，美国从其地理位置和实力上，就能在这个战场上取得毋庸置疑的优势。马汉的这一建议为美国政府所采纳。从修建巴拿马运河的第一天起，美国就牢牢把运河控制在手中，直到20世纪的最后一年，才恋恋不舍地将运河的主权归还给巴拿马。由此可见，马汉海权论对美国政策的影响之大。

第二个要素是自然结构。一个国家的领土结构在很大程度上能够促进或者阻碍其国民向海上发展的动力。如果一个国家拥有漫长的海岸线和众多的港口，尤其是深水港，那么这个国家就拥有发展海权的较好潜力。相反，如果一个国家的海岸线太短，又缺少良港，则会制约国家向海洋发展。比利时的情况就是这样。在1648年的荷西战争之后，比利时被迫关闭了安特卫普港，海上贸易大部分都被转让给了荷兰。从此以后，西属尼德兰就丧失了海上强国的地位，而荷兰则逐渐取而代之。

除了海岸线的轮廓和优良港口外，还有其他的一些自然条件也很重要，尤其是气候和土壤条件。法国同样拥有漫长的海岸线和许多优良的港口，并坐落在各大河流的出口处，按说也应该非常适合向海洋发展。但他们为什么没有像英国人和荷兰人那样的热情呢？马汉经过研究，得出了结论。他认为，法国是一块理想的陆地，气候适宜，自己生产的东西完全可以满足人民的需要，因此，他们向海洋进军的动力不大。而英国和荷兰则与之相反，大自然赐给它们的很少。英国人非常贫困，资源缺乏，加之好动性等民族特点，使他们能成为出色的商人和殖民地开拓者，所以他们的海权能够得以发展。

如果说英国人是被吸引到海上去的话，那么荷兰人则是被逼到海上去的，离开海洋荷兰就会灭亡。荷兰的土地最多只能供养它本国人口的八分之一，贫瘠的土地和无掩护的海岸首先迫使荷兰人从事渔业。渔业和海上运输业是荷兰人获取财富的基础，但是荷兰的食品、衣服和制造业的原料等大多依赖进口，这就决定了荷兰的海权是建立在极不稳固的基础上的。事实证明，经过 1653 年和 1654 年的英荷战争，荷兰的海运事业完全陷入停顿，作坊关闭了，工厂停业了，国内到处都是乞丐。这也说明，一个国家要想保持国内繁荣和持久的海权，就必须在海外保持力量。

领土结构对发展海权的影响还体现在，当海洋把一个国家分隔成两部分或几部分时，控制海洋就成为一件涉及国家生死存亡的事情，因为这种自然结构的国家对海洋具有无法摆脱的依赖性。西班牙就是一个最好的例证。15 世纪地理大发现以来，西班牙利用开辟新航路的优势地位，占领了尼德兰、西西里和意大利的一些领地，在美洲大陆拥有众多的殖民地。但是，这些殖民地和领地与西班牙本土相距遥远。1588 年"无敌舰队"惨败后，西班牙再也没有一支强大的海军将其各个领地紧密地连在一起，它的海运都被荷兰人抢走，原本属于它的尼德兰、那不勒斯、西西里、哈瓦那、马尼拉、牙买加等地也相继被别国夺走。西班牙从此一蹶不振。

马汉特别提醒美国政府一定要以法国为戒，不能步法国的后尘。这与当时美国国内的情况有关。美国在独立战争后开始走上了大规模领土扩张的道路。在 19 世纪上半期的半个世纪里，美国领土从密西西比河扩张到太平洋沿岸，从原来的二百三十多万平方公里扩张到七百七十七万平方公里。新扩张的领土尤其是西部富饶肥沃的土地吸引了许多美国人，不少人举家迁往西部"淘金"，寻求广阔的发展天地，浩浩荡荡的"西进运动"开始了。马汉对这种状况忧心忡忡，他并非完全反对开发西部，但他特别担心美国人会像法国人那样满足于在大陆上寻求发展，而失去了对海洋的兴趣，那样将会失去发展海权的动力和机会。因此他强烈呼吁，无论西部如何富裕，如何值得开发，美国人和美国政府都要牢记发展海权才是最根本、最重要的。

第三个因素是领土范围。这是影响一个国家能否发展成为海上强国的自然条件中的最后一条。马汉所指的领土范围，主要指一个国家的总面积，以及海岸线的长度和港口的特点。他认为，海岸线的长度与人口的比例决定着一个国家能否发展起强大的海权。他以美国南北战争为例进行了详细的分析。南北战争中北方之所以获胜，不仅是因为南方没有海军，人民不以航海为业，而且是因为它的人口与它必须防御的领土范围、海岸线的长度以及众多的港口极不相称。如果南方有众多的人口，人民又有尚武精神，并且有一支强大的海军，那么它漫长的海岸线和无数的港湾，就能形成强大的海上力量，挫败北方在海上的封锁和进攻。但事实却是北方人口众多，且拥有大量优秀的水手，海军力量也大大超过了南方。因此，在战争期间北方政府能够对南方的整个海岸进行有效封锁，并且通过海岸线上的每一个缺口进入南方城市。这样，南方漫长的海岸线、无数的良港不仅没有变成南方的优势，反而成为北方战舰长驱直入的最佳通道，曾有利于南方积累财富和支援南方脱离美国的贸易渠道转而成为不利因素。所以，我们看到，在整个战争期间，北方军队在陆战中屡战屡败，但是最后却取得了战争的胜利。为什么呢？关键因素就是海权，海权作用的重要性和决定性在这场战争中表现得淋漓尽致。

第四个要素是人口。在研究影响一国发展海权的自然特征后，马汉开始着手研究影响一国发展海权的人文特征。这些特征包括人口特征、民族特点以及由此产生的政府的特点。

马汉首先考虑的是一国的人口特征。他所说的人口不仅仅指一国的总人口数，他特别强调水手或至少是可以直接为海运或者海军服务的人数。因为，当庞大的商船队和海军舰船活动在海上的时候，不仅需要一定数量的海员，还需要大批从事与海洋和各种舰船有关职业的人员，只有拥有大量熟悉海运的人口数量，才能保证一国海权的持续发展。马汉列举了英法两国人口数量质量对比而影响其对海权争夺的例子。法国在资产阶级大革命以前，一直到拿破仑战争的时候，在人口数量上远远超过了英国。但是，如果就平时的海上贸易和海军作战能力而言，法国人却远不及英国人。他列举了一组数字：1778 年时，法国按照它注册的海员，一次就能配备五十艘战舰，而英国由于海上力量遍布于世界各地，在国内征集海员配备四十艘战船都很困难。但是到了 1782 年，英国服现役或可以迅速服现役的舰船就有一百二十艘，而法国却从未超过七十一艘。到 1840 年的时候，法国在集中二十一艘战舰之后就再也没有预备役战舰了，因为为了配备二十一艘战舰，已经把注册的船员都用完了。正因为如此，法国人在海上难与英国人争锋。

在这里，马汉还专门讨论了预备役力量在现代海战中的作用。当时有不少人认为，发展海军的目的就是为了在战争爆发时，在敌人能够组织一支同等的海军力量之前，迅速地给敌人以致命的打击。只要把敌人组织起来的舰队消灭了，其余的组织机构就起不到什么作用了。马汉对这种观点进行了批驳。他认为，不管怎么说，有一支预备役力量总是正确的。虽然历史上也有毕其功于一役的情况，如普鲁士对奥地利、德国对法国的战争。但是，这些战争都是一个较强的国家战胜一个较弱的国家，还找不出两个势均力敌的对手通过一次战役就决定胜败的例子来，尤其是在海战中更没有这样的情况。一旦两个强国发生战争，一次战役不能决定战争的胜败，那么后备力量将开始发挥巨大的作用。首先是有组织的后备力量，然后是以航海为业的人员、熟练的机械工人和财富等后备力量将开始起作用。除此之外，两国舰队交战，双方失败的惨重程度与国家对海上力量的依赖程度成正比。例如，英国海军作为国家武装力量的主要组成部分，如果在特拉法尔加角海战中被法国击败，那么这对英国的打击要比对法国的打击大得多，因为英国对海上力量的依赖程度远远高于法国。因此，对像英国这样的国家来说，保持一支足够的海上预备役力量非常必要，否则，一旦遭受打击，国家将陷入灭顶之灾。

马汉同时强调，有一支强大的后备力量固然重要，但其前提是必须保持一支适当规模的常备武装力量。对于一个国家来说，就算不愿意花大钱建立庞大的军事机构，但至少也应设法使军事机构有足够的力量，一旦战争爆发能很快进行动员，把人民的精神和才智转移到战争中来。他举例说，荷兰不愿意在和平时期付出代价，不想花钱使自己的国家强大起来。它的特点是除非危险就在眼前，否则不会心甘情愿地把钱用在国防上；它在应该节省的地方挥霍浪费，而常常在应该花钱的地方却又十分吝啬。如果说它躲过了灾难，那也仅仅是侥幸而已。当时的英国人在某种程度上也有这样的倾向。他还尖锐地批评了美国当时的状况，指出美国还没有建成具有防御能力的海军，更没有充足的后备力量，甚至连充分满足美国海运需要的海员都不具备。马汉为此忧心如焚，他强烈呼吁，必须建立一支强大的海军和后备力量，要"把海权的基础建立在悬挂本国国旗的大批商船上"。

第五个要素是民族特点。民族特点对一国发展海权的影响体现在两个方面：一个方面是民族特点影响贸易方式。马汉认为，所有的人都追求利润，但是不同的追求利润的方法将会对商业的命运和一个国家的历史起到至关重要的影响。马汉对比了几种不同民族特点的国家及其海权的发展历史，揭示了民族性格对发展海权的巨大作用。

西班牙人和葡萄牙人比较相似。他们寻求财富的方法不仅有损于优秀的民族特点，而且是对兴旺发达的商业的致命打击，也是对商业赖以生存的工业的致命打击，最终也是对经过错误途径取得财富的国家的致命打击。西班牙和葡萄牙是最早在海外建立殖民地的欧洲国家，通过掠夺殖民地获得了大量的金银财宝。但是，这种获利愿望，也使他们产生了极为可怕的贪婪，他们在殖民地只是一味地寻找金银财宝，而不是去寻找新的工业基础，去促进国家商业和海运的发展，私人企业的自由健康发展受到了严重的束缚，甚至连本来可以得到大力发展的海军也毫无建树。结果，许多西班牙人离开了祖国，他们在国外从事的职业只能为国内提供很少的钱和商品。西班牙本土除了羊毛、水果和钱几乎没有其他产品，工厂倒闭，工业亏损，人口逐渐减少，西班牙及其殖民地几乎全部依赖荷兰为其提供生活必需品。于是，西班牙只能用从殖民地搜刮来的金银财宝去换取荷兰等国提供的生活必需品，他们热切追求得来的财富——钱，很快又从手上挥霍掉了。

葡萄牙的情况与此类似。马汉指出了这一点："正如墨西哥和秘鲁的矿藏曾是使西班牙没落的祸根一样，巴西的矿藏也毁了葡萄牙。他们愚蠢地轻视各种制造业，不久之后，英国不仅向葡萄牙提供服装，还向葡萄牙提供所有的货物和日用品，甚至咸鱼和谷物。葡萄牙丢弃了金银财富之后，甚至放弃了国土，波尔图的葡萄园终于被英国人用通过葡萄牙人的手流通到英国各地的巴西黄金买去了。"此外，欧洲的贵族阶层从中世纪起就继承了一种傲慢的轻视贸易的传统。西班牙人的傲慢很容易迎合轻视贸易的态度，他们不愿工作，坐等财富，厌恶经商，这些民族性格也影响了西班牙发展海权的决心。

与西班牙人和葡萄牙人通过从地下挖掘黄金致富不同，法国人是通过勤俭、节约和囤积来致富的。法国人爱节省、储备，胆子不大，只敢在小范围内冒险，这在一定程度上抑制了他们通过开展海外贸易以获利的兴趣。此外，法国还有着大批显赫的贵族，他们非常鄙视那些从事制造业和贸易的人，而富有的商人和制造者都渴望得到贵族的尊称，一旦他们得到贵族的头衔，便马上放弃了赚钱的职业。在法国，经商是带着一种耻辱感进行的，这种耻辱感促使一些最优秀的从事贸易的人一有机会就要迅速摆脱原来"低贱的职业"。马汉认为，法国人的过分谨慎和缩手缩脚，以及鄙视贸易的民族特点，大大妨碍了贸易和海运的发展。

再来看看英国人和荷兰人。马汉对他们无疑是比较赞赏的，他认为他们是天生的商人、贸易者、生产者和交易者。他们在国内是主要的制造商，生产大量用于交换的商品；在国外，尤其是在殖民地，则到处努力挖掘当地的一切资源，使其所控制的地区逐渐富起来，产品成倍增长。国内和殖民地之间进行交换需要更多的舰船，于是英国和荷兰的海运事业、海军也就随之而发展起来。虽然英国和荷兰的贵族阶层也很傲慢，但是这两个国家的人民都认同财富，财富是区分公民社会地位的基础。谁有了财富，谁就在政府中有了权力；有了权力就有了社会地位，并受人尊敬。因此，从民族性格来讲，英国和荷兰对待贸易的态度是比较认同的，这对发展海权当然有好处。

另一个方面是民族特点决定该国是否有能力建立尽可能多的殖民地。由全体人民迫切需要和本能欲望创建的殖民地，其基础是最坚实的，殖民地的发展主要取决于开拓者的特点，而不是本国政府对殖民地的关心。英国之所以成为世界上最强大的殖民地开拓者，在于其另外两个重要的民族特点：一是英国殖民者愿意在新开辟的地区里定居，他们虽然对祖国充满怀念，但却绝不会为渴望返回祖国而焦虑不安，这与法国人总是思念故土而大不相同；二是英国人会本能地、迅速地从多方面寻求开发新地区的资源。后一特点不同于西班牙人和荷兰人。西班牙人的兴趣和志向范围太狭窄，限制了他们全面发展一个新开发地区的能力。而荷兰人则只是单纯为了商业和贸易的需要去建立殖民地，他们只满足于获利，缺乏政治野心，而且倾向于使殖民地与本国保持贸易依赖关系，否定了殖民地自我发展的固有原则，只会使殖民地产生离心倾向。美国人具有进行贸易的才能，具有兴办企业追求利润的冒险精神，而且对促进贸易和追求利润具有敏锐的嗅觉，在开拓殖民地方面具有很好的天赋，因此，美国人在这一方面具有无可比拟的优势。

第六个要素是政府的特点。马汉指出，如果一个国家具备了上述五项条件，政府的特点和政策就对国家建立和发展海权起着决定性的作用。如果一个国家的政府足够明智，充分认识到海权的重要意义，并一贯支持发展海权，那么国家就一定能实现富国强兵。但是，一国政府真正发展海权并非易事。自由民主政府一旦确定发展海权的目的，其信念是最牢靠、最持久的，但它由于权力分散，内部意见难统一，决策过程往往很慢，容易贻误最佳时机。相反，一个精明而坚定的专制政府往往能利用其手中的权力，动员全国的人力物力，最快地创建一支强大的海上贸易队伍和卓越的海军，这比民主政府缓慢的行动更容易达到目的。当然专制政府发展海权有一个最大的弊端，那就是一旦统治者去世，政府能不能坚持既定的方略还很难说。

为了能更有力地证明自己的观点，马汉对英、荷、法三国政府的特点和政策及其对发展海权的影响进行了详细的剖析。

马汉认为，在建立和发展海权上，英国政府的特点和政策最值得称道。因为英国各届政府的行动在总的方向上都保持了一致性，那就是控制海洋。早在英王詹姆斯一世时期（1603～1625），英国就表现出对海洋的控制欲望。那时，英国除了本岛之外，几乎还没有其他的领地，也没有开始在北美大陆建立殖民地。到了克伦威尔时代（1648～1658），英国开始有了实际行动。在他的严格控制下，英国海军呈现出一派生机和活力，游弋世界各地的英国舰队开始在波罗的海、地中海和西印度群岛等地耀武扬威。他还制定了著名的《航海条例》，宣布所有到英国和英国各殖民地的进口商品，必须全部由英国舰船或由生产或制造这些产品的国家的舰船承运。这个法令是专门对付欧洲运输业较发达的荷兰的，差不多引起了整个贸易世界的不满，但对英国是极其有利的。

克伦威尔死后，查理二世复辟了。虽然他想借助于法国人的力量摆脱英国人民和议会的控制，但他仍然忠实于依靠海洋使英国强大的政策。在与法国人结盟的同时，他也担心法国发展成为一个海上强国，对英国的利益构成挑战。他将控制海洋作为英国的传统惯例来予以保持。在英法联合反对北部联合七省战争期间，他坚决要求要由英国来统率两国联合舰队，并在战争结束后，控制了斯海尔德河和默兹河河口这些有利位置，维护了英国的海上利益。

1688年，威廉三世继承英国王位，直到1713年缔结《乌得勒支和约》之前，英国和荷兰政府都由他一人掌管。他很好地利用了这个天赐良机，一方面公开与法国为敌，经常从海上进攻法国，削弱法国的海上力量，另一方面又削弱了荷兰的海上力量。英荷两国签订的条约规定，英荷两国海上力量之比为5：3,陆上力量之比为2：5，让荷兰成为对付法国陆军的主要力量，自己却放手发展海上力量。最后，英国在法国、西班牙和西属西印度群岛得到了贸易特权，还得到了地中海的直布罗陀和马翁港，得到了北美的纽芬兰、新斯科舍和哈得逊湾这些重要的海上基地。至此，法国和西班牙的海上优势已不复存在，荷兰的海上力量也逐步被削弱，而英国则在美洲、西印度群岛和地中海取得了立足之地，英国开始稳步地向英帝国迈进。

威廉三世之后的历届英国政府都秉承了这一宗旨和原则，牢牢保持自己的海权，并不断削弱和排挤任何可能出现的海上对手。在波罗的海，英国成功地阻止了俄皇彼得大帝对瑞典的进攻，粉碎了其企图把波罗的海变成俄国的一个内湖的图谋，保持了这一海域的力量均势，并获得了大量的贸易和大部分海军补给品；及时扼杀了丹麦和奥地利各自力图建立的东印度公司；极力支持自己的盟友奥地利占领地中海的要地——那不勒斯和西西里，并打垮了西班牙。利用在殖民地取得的巨大财富，英国一方面对大陆上的同盟国进行财政援助，在欧洲大陆维持均势，一方面又迫使他的敌人，主要是西班牙、荷兰、法国等离开海洋和它们的主要殖民地。结果，英国确立了它在印度的统治，并控制了北美洲的广大殖民地。从此，英国在亚非拉乃至世界各地都拥有了绝对优势的殖民地和海上力量，成了名副其实的"日不落帝国"。马汉认为，英国的海权完全是依靠政府的优势获得的，是英国政府始终如一地坚持一个目的的政策的必然结果。

马汉还认为，英国历届政府之所以能始终如一地坚决维护其海权，并使其军事素质保持良好的备战状态，是由其政治制度的特点决定的。这种政治制度实际上使英国政府落入了地主贵族手里，为了备战和长期从事战争的需要，他们毫不犹豫地增加了经济投入。由于地主贵族阶级不从事贸易，其财富来源不会直接受到危害，因此它具有军事制度最需要的尚武精神，没有资产阶级一贯的胆怯性。而议会两院对扩展和保护英国的贸易十分关注，经常对海军进行调查研究，防止在发展海权的过程中出现问题。显然，马汉认为英国的君主立宪制比较适合发展海权。1815年以后，英国的君主立宪制转为内阁制，首相执掌政府大权，国王仅仅成为一种象征。对此，马汉认为英国的海权有落伍的趋势，因为他对民主政府是否有远见，在和平时期是否愿意用足够的钱来维持军事上的开支表示怀疑。

再来看看荷兰。荷兰曾经从海上获得了繁荣和生存的机会，甚至一度远远超过了英国，但是与英国相比，荷兰政府的政策和特点非常不利于给海权以一贯的支持。荷兰原来是由七个省份组成的七省联合体，每一个濒海省都有自己的舰队和海军部，各省之间互相猜忌，这样就存在离心倾向，不利于集中力量发展海权。荷兰政府在大多数时候也不愿意为发展海上力量支付更多的金钱，"当危险还没有迫在眉睫时，它的一些主要行政长官是不愿意为他们的防御支付款项的"。当然，荷兰在约翰·德·威特政府时期也曾保持了一定数量的海军和舰船，对舰队的开支也是比较慷慨的。但后来，当威廉三世同时掌管英国和荷兰两国政府时，为反对法国的大陆扩张政策，他在英国大力发展海上力量，却利用荷兰的资源进行消耗巨大的陆战，荷兰海军便迅速地衰落了。威廉三世去世之后的荷兰政府仍然执行他的政策，将注意力全部集中在陆上，进行了持续四十多年的欧洲战争。结果，荷兰除保住了本国的领土外，在海上一无所获，既没得到资源，也没有获得殖民地扩张或贸易上的任何成就。从此以后，荷兰就不再拥有较强大的海上力量，并且迅速丧失了依靠其海上力量在各国中建立起来的领导地位。

　　最后再看看法国。法国的地理位置具备了发展海权的极好条件。但是，法国国王路易十四政府在发展海权的政策上却出现了摇摆，致使亨利四世及其首相黎塞留发展海权所取得的成功前功尽弃，功亏一篑。黎塞留认为，法国政府应该把从陆路向东扩张，进攻由奥地利王室统治的奥地利和西班牙的计划，与从海上进攻英国的计划相结合。为此，法国应与荷兰表示亲善并与之结盟共同对付英国。与此同时，法国政府还应鼓励发展贸易和渔业，建立一支海军。他在政治遗嘱中指出，根据法国的地理位置和资源，法国有可能获得海权。

黎塞留去世后，马扎然继承了他总的方针政策。1661 年，路易十四开始执政。他的首相柯尔培尔也坚持了黎塞留的一贯方针，采取一切措施鼓励国内制造业和贸易的发展，积极扩充海军规模，并占领了加拿大、纽芬兰、新斯科舍和西印度群岛的殖民地。在柯尔培尔的苦心经营下，法国与海运有关的产业不断发展，商业兴旺，海外殖民地大大扩展，海军也得到了长足的发展，战舰数量激增，海员素质大大提高。然而，这些成果都因为路易十四政策的转变而付诸东流。

路易十四从一开始就对荷兰怀有刻骨的仇恨，英国国王查理二世也同样痛恨荷兰，这就促使他们下决心共同对付荷兰。结果，一场持续六年的战争开始了。柯尔培尔的大部分努力成果在战争中被消耗了，农业、制造业、商业和殖民地都受到了冲击。路易十四独揽政权的行为冲击了法国海权的根基，疏远了最好的海上同盟国荷兰，其直接作用是压制了荷兰的力量，而间接的作用则是将自己撵出了海洋，帮助英国获取了海权。柯尔培尔辛辛苦苦建立起来的海军就这样被消灭了。在路易十四统治的最后十年，尽管海上仍经常发生战争，但法国已没有强大的舰队可投入海战了。马汉慨叹道："这种愚蠢的君主专制统治的政府对海权兴衰的影响产生了何等深远的影响啊！"路易十五上台后，并没有从路易十四的失败中吸取教训。新国王尚未成年，而摄政者与西班牙有刻骨仇恨。为了打击西班牙国王和保存自己的势力，摄政者推动法国与英国结为同盟，去打击西班牙。历史的悲剧再度重演，法国再一次出现了一个忽视海上利益的统治者。他又毁灭了另一个天然盟友——西班牙，如同路易十四毁灭了荷兰一样，间接地或在无意中帮助了英国海权的不断发展壮大。到英法战争爆发时，法国海军处于全面衰退时期。1756 年，英国大约有一百三十艘战列舰，而法国只有四十五艘，而且当这四十五艘战舰需要配备武器和装备时，却没有材料，没有帆缆，也没有补给品，甚至没有足够的火炮。法国为执行错误的大陆扩张政策付出了极为高昂的代价，耗尽了国家的资财，不仅丧失了殖民地和海外贸易这一最主要的财富来源，而且亲手将英国送上了世界霸主的宝座。英国主要是依靠政府的优势获得了胜利，而法国则是因为政府的愚蠢遭到了失败。

当法国人民发现忽视海权致使其蒙受了如此巨大的耻辱时，他们再也无法忍受政府的失误了，呼吁要建立一支海军。法国政府于是也向全国提出"必须重建海军"的口号，用各个城市、公司和私人的捐款制造舰船。法国的海运事业和海军在沉寂多年后终于苏醒了过来。在美国独立战争时期，英国背离了它传统的致力于控制海洋的正确政策，从事了一场远离本土的陆战。而法国则放弃了它长期以来的吞并欧洲大陆的野心，与邻国西班牙结成联盟，寻找机会从海上发起攻击，通过支援美国独立战争来对付英国。这种明智的政策和政府的行动终于获得了应得的收获，英国实力大为受损，殖民地也被抢走了不少。马汉特别指出，法国海权衰落的历史，对处于颓废时期的美国贸易和海军来说，具有深刻的教育意义，必须牢牢记取。

马汉指出，政府可从两方面来加强海上力量的建设。一是利用其政策来支持民族工业的正常发展，并支持人民利用海洋进行冒险和满足人民获利的癖好。如果人民对民族工业和海洋缺乏兴趣，政府就应竭力加以培植。二是以其最合理的方式保持一支武装齐备的海军。其规模要与国家海运的发展以及与之有重要利害关系行业的发展相称。此外，这支海军还要有合理的组织机构，应有助于形成一种健康的思想和健康的行动，战争期间能充分利用预备役人员和舰艇，并且能够考虑到人民的特点和企求，采取适当的措施，把总的预备役力量动员起来为迅速展开战争作准备。同时，政府还必须保持适当的海军基地，武装舰船要为贸易商船进行护航。要保证殖民地从外部为宗主国的海上力量提供最可靠的支援，政府应在和平时期通过各种办法激励殖民地依附宗主国的热情，并促使其利益一致。这样，一旦发生战争，各殖民地就会尽全力支持宗主国。

马汉关于政府的特点和政策直接影响和制约一国海权发展的论述，是其阐述影响一国海权发展的六个条件中着笔最多的。他曾说："一个国家的政策是随着时代的精神和统治者的性格和英明程度的不同而各不相同。但是，濒海国家的历史不是由政府的精明和深谋远虑决定的，而是由它的位置、范围、自然结构、人口和民族特点——一句话称之为自然条件所决定的。可是又必须承认，并且将会看到，由于某些个别人的明智行为或愚蠢的行动在一定时期内，必将从很多方面大大地影响了海权的发展。"这段论述非常精彩，充满了辩证色彩。他正确地指出，虽然一个国家的地理条件决定着一国能否发展海权，但是政府的政策和意志对发展海权具有至关重要的影响。如果自然条件很好，但是政府不能制定正确的政策，或者政策摇摆不定，没有一贯性，再好的自然条件也起不到作用。马汉如此不惜笔墨强调政府在发展海权中的作用，是有其良苦用心的，其意在告诫美国人和美国政府，必须把注意力放在海洋上，要为国家建设一支强大的海军，大力发展海权，否则美国也将坐失良机，后悔莫及。

第 4 章

海权论：海权对世界历史的影响

马汉海权论的核心思想之一，就是海权对世界历史的进程具有重大的影响。他详细回顾和评述了欧洲海上强国争夺海上霸权的历史，以此证明自己的观点。

1660年前后欧洲的海上争霸形势

马汉指出，1660 年至 1783 年的一百二十三年间，影响欧美历史进程的重大事件有三个：英荷争霸、英法争霸和美国独立战争。在此期间，欧洲先后爆发了第二次和第三次英荷战争、奥格斯堡联盟战争、西班牙王位继承战争、奥地利王位继承战争、七年战争等数次大的战争。这段历史实际上是英、法、荷、西四国的争霸史，其中英荷、英法争霸是主线，尤其以英法争霸历时最长、反复最多，西班牙虽然也参与其中，但只不过是个小伙伴。经过反复较量，原本就衰弱的西班牙更加衰弱，其海外殖民地几乎被瓜分殆尽；荷兰则逐步丧失海上霸主地位，它赖以生存的海外贸易日益萎缩，海外殖民地大多被英法抢走；法国的国力被旷日持久的战争严重消耗，海外殖民地大大减少，国际地位日益下降；英国则是最后的赢家，建立起了"日不落帝国"，确立了海上和殖民地霸权。马汉认为，"占绝对优势的英国海上力量是决定欧洲历史的一种重要因素"，它"对英国此后一个世纪成为一个无可争辩的海上帝国至关重要"。因此，海权不但能决定战争的胜负，还可以决定国家的兴衰和历史的进程。

马汉首先简要介绍了1660年前后法国、西班牙、荷兰和英国这四个主要濒海国家的形势及实力地位，因为从历史的观点来看，当时的这四个国家将成为最主要的海上霸权争夺者。

在马汉看来，"三十年战争"结束后，法国出现了两位英明的统治者，这就是亨利四世和黎塞留。他们没有宗教偏执，比较成功地平息了宗教斗争，将权力集中到了国王的手里，恢复了国内和平和团结，并制定了今后的发展路线：抵制奥地利皇室的势力，把法国的边界向东扩张，并创建和发展一支强大的海军。要达到这样的目的，就必须联合荷兰，同时与西班牙和英国为敌。但是当时法国的实际情况却并不令人满意，对内和对外贸易十分不景气，财政混乱，海军建设刚刚起步，陆军规模也不大，要实现这个目的难度很大。

西班牙在一个世纪之前曾无忧无虑，但现在已经开始衰败，并到了几乎难以应付的状况。政府软弱无能，经过1588年海战之后，"无敌舰队"基本上被摧毁，并一直没有得到有效的重建，海军已今非昔比，日薄西山，气息奄奄了。但是，它的幅员仍然十分辽阔，西属尼德兰仍属于它，它还占领着那不勒斯、西西里、撒丁和直布罗陀，并在美洲占有大片领地。由于它的衰弱，这些殖民地和领地注定了将要成为新兴殖民主义国家争夺和重新分割的目标。

荷兰当时的政治名称是北部七省联合体，其影响和势力已经达到了顶峰。国内制造业和渔业都极为发达，使得它的海军力量和贸易能力发展迅速。它拥有一万艘商船、十六万八千名海员，建立了实力强大的东印度公司，几乎垄断所有的东方产品，承担了欧洲运输业的绝大部分。当时的荷兰，殖民地遍布于东方的各海洋上，在非洲西海岸、北美和南美也拥有大量的殖民地，而这一切都是以海洋为基础发展来的。然而，荷兰长期面临西班牙的威胁，并曾与之进行旷日持久的陆战，这些战争消耗、吞噬了大量的财富。当西班牙垮台之后，英国和法国又对它虎视眈眈，英国觊觎荷兰的贸易和海上的统治地位，而法国则想得到西属尼德兰。因此，荷兰既要对抗英国，又要防范法国。

英国当时的国王是查理二世，手中握有实权。查理本人极端憎恨荷兰政府，因为这个政府在国内事务中反对他的亲戚——奥兰治王室，而且当他被流放的时候，荷兰政府还曾与克伦威尔政府媾和，把他从荷兰驱逐了出去。在控制海洋和贸易上，荷兰人更是英国人的对手，这一点一直令英国人有如鲠在喉之感。但是，当法国在欧洲大陆上的侵略野心越来越明显的时候，英国人也感到了沉重的压力。当英国和法国恢复传统的对立时，英国和荷兰之间的血缘关系、相似的宗教信仰开始起作用，特别是当查理去世时，英国和荷兰又结为亲密的联盟。

英国与荷兰的争夺

首先让我们来看看英国是如何与荷兰争夺海上霸权的。从历史来看，荷兰在海洋上的发展远远早于英国。荷兰位于西欧的中部，历史上曾臣属于罗马帝国，后为西班牙的附属国。荷兰本来是一个土地贫瘠、资源缺乏的小国，但是通过发展渔业和贸易等方式，实力逐步发展壮大，并最终摆脱了宗主国西班牙的羁绊。独立后的荷兰依靠海洋，大力发展商业和海上运输业，不仅承担了美洲和西班牙之间的全部商品运输业务，也为法国港口进行运输，每年在各海洋上运输的商品总价值超过10亿法郎，成为名副其实的"海上马车夫"。同时，它的殖民地从非洲西海岸到印度、马六甲、爪哇，再到澳大利亚和北美、南美等地，遍及亚洲、非洲、美洲和大洋洲。凭着强大的国力，荷兰建立了一支舰队，以保护它源源不断的海外贸易。它的商船几乎全部是武装商船，一旦有战事发生，商船很快就能改装为战船，荷兰实际上拥有当时世界上最强大的海军预备役力量。

英国是一个岛国。一直到16世纪以前，英国人的造船业和航海技术都远远落后于地中海沿岸国家，在英国的对外贸易中起主导作用的是外国商人。16世纪，当葡萄牙、西班牙在海外瓜分殖民地的时候，英国还在进行著名的"圈地"运动，并开始逐步走上资本主义的发展道路。英国资产阶级革命后，面对靠海洋发迹且比自己更加富有的荷兰，有着发展海权良好基础和优越条件的英国人，把目光毫不犹豫地转向了海洋，并一直死死地盯着海洋。然而，当他们转向海上寻求致富之路的时候，他们遇到的第一个强劲对手就是当时事实上的海上霸主——荷兰。

英国和荷兰虽然在对付法国的问题上有着共同的利益，但它们之间的恩怨由来已久，原因就在于争夺贸易权。克伦威尔政府时期，英国进行了大规模的海军改革，成立了专门的海军委员会，并着手建设一支装备精良的海军，英国海军开始走上了近代化的道路。英国有了强大的海军后，便开始公然向荷兰挑战。1651 年，英国制定了专门针对荷兰的《航海条例》。双方剑拔弩张，第一次英荷战争（1652~1654）爆发了。当时两国海军的实力旗鼓相当，荷兰甚至比英国实力更强大一些。但由于荷兰海军长期以来缺少严明的纪律，军官们的战斗作风也不佳，经过激战，英国取得了胜利，并获取了在东印度群岛贸易的权力。

英国人并不满足于取得这一点小小的成就，他们想得到更多。查理二世复辟后，他精心策划了第二次英荷战争（1665~1667）。对于英荷两个海上强国来说，这次战争几乎全都是在海上进行的。结果，在经历了洛斯托夫特外海海战、"四天海战"和福兰角外海海战等三次大的海战之后，荷兰舰队遭到惨败，被迫与英国签订《布雷达和约》。条约规定英国取得了北美荷属哈得逊河谷、新阿姆斯特丹和新泽西，从而把英国在北美北部和南部的殖民地连为一片。

然而，英国人的胃口远未得到满足。1672 年至 1674 年，英荷两国又爆发了第三次战争。与前两次战争不同的是，由于法国国王路易十四一心想要消灭荷兰，实现其称霸欧陆的野心，这场战争又成为英法联合对付荷兰的战争。这次战争不是一次纯粹意义上的海战，但是海战对战争结果的影响最大。法国陆军从东面和南面对荷兰发起猛攻，荷兰由于长期忽视陆军的建设，加之兵力分散，很快就被打得无招架之功，许多城镇望风而降。短短的一个月之内，荷兰的大部分领土就沦陷了，首都阿姆斯特丹告急。就在这个万分危急的时刻，荷兰的海军发挥了关键作用。在德·勒伊特的英明指挥下，荷兰海军打败了英法联合舰队，取得了著名的索莱湾海战胜利。这次战斗的胜利，不仅使联合舰队遭受了巨大损失，更重要的是，它使英法联合舰队再次出航进攻荷兰海岸的时间延迟了一个月，为荷兰调集陆军抵挡法军的进攻赢得了宝贵的时间。可以想象，如果荷兰不能及时取得索莱湾海战的胜利，英法联合舰队就能按时在阿姆斯特丹被围之时赶到并发起进攻，那荷兰极有可能被打垮。马汉说："从这一点来看，索莱湾之战确实挽救了荷兰人。"1673 年，在经历斯库内维尔德外海海战和泰瑟尔岛海战等几次海战后，就没有再发生大的战斗了。英国率先与荷兰于1674 年签订和平条约，荷兰承认英国舰队拥有从西班牙的菲尼斯特雷角到挪威的海域的绝对控制权，并给予战争赔款。随着英国的退出，这场战争逐渐失去了海战的性质。

就在此时，欧洲其他国家逐渐意识到如果荷兰灭亡，那么自己也将面临危险。于是，奥地利、德意志诸邦和丹麦等国家站到了荷兰一边，共同反对法国及其盟国瑞典进行的大陆扩张。马汉认为，海上力量依然对战争的进程产生了影响。荷兰凭借强大的海上力量，凭借贸易和海上实力，几乎独自承担了这场战争的全部负担。尤其重要的是，荷兰海军与丹麦海军于1676 年大败瑞典海军，这就极大地削弱了作为路易十四同盟国瑞典的作用。1678 年，法荷两国签订了《奈梅根和约》，结束了战争状态。荷兰能在这场战争中独自抵抗住英法两个强国的进攻，完全是它长期建立起来的海上力量起作用的结果。正是这种力量把它从危险的境界中拯救出来，并使其在后来的大战中也能幸免于难。

这场战争的最大赢家毫无疑问是英国。英国人最擅长在有利的条件下与欧陆上的某个国家结成联盟，去对付最强大的那一个，一旦得手，盟国就有可能成为它下一个对付的目标。法国、西班牙和荷兰在不同的时期都曾经与英国联合过，但最后的结果总是英国获利。英国凭借克伦威尔时期建立起来的强大的海上力量，在法国的帮助下，终于战胜了昔日的海上强国——荷兰，并继承了荷兰的大部分运输业和海外贸易，占领了荷兰的部分殖民地。当然，三次战争也使英国遭受了一定的损失，但它却通过这几场战争迅速地挤进了海上强国的前列，并利用战争获得了有利地位。荷兰虽是战争的失败者，但它却依靠自己的海上力量抵挡住了法国的进攻，维护了国家的主权和民族的独立。此后，荷兰作为英国的一个同盟国，又成为对付法国的一个小伙伴。为了对付法国，荷兰大力发展陆军，结果不得不削减海军的经费，并耗尽了来自海洋的资财。这样，荷兰就逐渐丧失了海权，它的商业、制造业、贸易迅速地衰落，地位也一落千丈，从此沦为欧洲二流国家，昔日的"海上马车夫"逐步退出舞台，成为历史。

英法争霸

接下来我们看看英国和法国是如何争夺海上霸权的。把荷兰打垮之后，英国开始把注意力转向法国，这是它称霸欧洲乃至世界的最大障碍，因为这个对手不仅实力雄厚，而且还怀有同样的野心。法国是当时欧陆人口最多、力量最强大的国家之一。1661年，自负而极富野心的路易十四登基成为法国国王。在其心腹大臣柯尔培尔的治理下，法国的财政好转，经济兴旺，海军建设取得了长足的发展，其主力舰数量一度还超过了英国。柯尔培尔坚定地执行亨利四世和黎塞留的政策，致力于将法国推向海洋。然而不幸的是，路易十四在他的王国和海军建设达到顶峰的时候，却选择了走一条从陆上扩张的道路。

在法国的意图付诸行动之前，国王路易十四的另一位大臣莱博尼兹提出了著名的莱博尼兹计划。他认为未来发展的必然趋势是国家的强大要以控制海洋和贸易为基础，建议路易十四改变当时制定的方针，使陆地上的扩张成为辅助性的，而使控制海洋的发展成为法国的最主要目的。为此，他主张法国应立即出兵征服埃及，通过控制地中海及其东部海洋，扼守主要的贸易航线来取代荷兰在东方的所有贸易，从而在确保法国内部和平的同时，能够在海上建立起一种确保其在欧洲占优势的权力。但是莱博尼兹的建议没有起到任何作用，路易十四对荷兰的仇恨冲昏了他的头脑，他坚持要消灭荷兰，走陆路扩张的道路。这种错误的决策，把路易十四后期的统治引入了歧途，断送了法国兴旺发达的大好前途，导致法国海上力量被毁灭，其结果影响到以后的世世代代。这样，英国通过海洋寻求权力，而法国则通过陆路进行扩张，两者在欧洲的较量正式拉开了序幕。

路易十四由于急切地希望经陆路扩张，犯了一系列致命的错误。一方面，为了遏制西班牙的实力，防止西班牙吞并葡萄牙，路易十四直接促成英国国王查理二世与葡萄牙公主结婚，把英国请进了地中海，并促成了英国与葡萄牙联盟。马汉评价说，法国人的这一做法"简直令人不可理解"。它本应该做的是促使西班牙和葡萄牙统一起来，以抗衡英国对它们的入侵和控制。另一方面，无论从哪个方面看，荷兰都应该是法国的一个天然盟友。但是由于路易十四念念不忘吞并荷兰，终于在

1672 年与英国联手对付荷兰，而他所做的这一切正好是把海权径直地交给了英国人，亲手毁灭和绞杀了自己的天然盟友。在这场战争中，路易十四不仅把联合舰队的指挥权拱手让给了英国人，而且在英国人退出战争之后，还愚蠢地继续进行了为期五年的陆上战争。为了确保英国不作为反对方参战，路易把本可以为法国夺取的荷兰海上运输业拱手让与英国，并使航行在各海洋上的英国舰船有了安全保障，从而极大地削弱了柯尔培尔寻求用以发展法国海上力量的贸易保护政策的作用。直到1678 年，北部七省联合体与法国签订《奈梅根和约》，战争才结束。路易十四为消灭荷兰发动了这场战争，但荷兰在欧洲没有失掉一寸土地，在海外也只丢了位于非洲西海岸和圭亚那的殖民地。法国投入一场耗资巨大的战争之中，却只从西班牙手里得到了弗朗什孔泰地区和西属尼德兰的一些设防城镇，其他一无所得。法国在战争中付出了惨重的代价，不仅掏空了国库，而且农业、贸易、制造业和殖民地都受到了战争的冲击。这些做法严重地损害了法国的海权利益，并且无法挽回。

路易十四当然不甘心在《奈梅根和约》中取得的成果，他继续致力于将其边界向东扩展，并且接连不断地占领了和约未曾给予他的一些地方。他不仅要向北方和东方扩张，而且对意大利也垂涎欲滴。他到处树敌，野心勃勃的侵略计划引起了整个欧洲国家的强烈不安，也疏远了从前的盟友瑞典。1686 年，荷兰、奥地利、德意志、西班牙、瑞典等国秘密签订协议，结成奥格斯堡联盟，主要目的就是防御法国。1688 年，路易十四向神圣罗马帝国皇帝挑战，导致了奥格斯堡联盟反对法国的战争，史称奥格斯堡联盟战争。同年，英国爆发"光荣革命"，议会发动宫廷政变，驱逐了斯图亚特复辟王朝国王詹姆斯二世，拥戴詹姆斯二世的女婿、荷兰执政奥伦治威廉三世为英国国王。这样，英荷两国君主的王冠就戴在了同一个人的头上，而且这个人与路易十四素有嫌隙，长期为敌。英国摆脱了长期以来斯图亚特王朝的束缚，疏远了法国，转而与荷兰结成了联盟。英荷联盟极大地壮大了反法势力。

路易十四与詹姆斯二世素来交好。为了反对英荷联盟，他积极支持詹姆斯二世，因为只要詹姆斯二世还有实力，奥伦治威廉三世的政权就不牢靠。1689年1月，詹姆斯二世逃离英格兰，在法国舰队的护送下成功登陆爱尔兰，并受到了爱尔兰的热烈欢迎。为了巩固自己的统治，威廉三世亲自远征爱尔兰。此时法国最重要的任务应该是切断威廉三世从英格兰向爱尔兰运送部队的海上交通线，只有这样，才能粉碎威廉三世的远征，帮助詹姆斯二世夺回英国王位。可惜的是，尽管当时法国的海军比英荷两国联合起来的海军还要强大，但是法国海军却听任英国海军不受干扰地把增援部队运至爱尔兰，并使英国陆军部队在爱尔兰登陆。与此同时，英国海军还切断了爱尔兰和苏格兰之间的交通往来，断了詹姆斯二世的外援。最可惜的是，1690年法国海军在比奇角海战获胜后，没有对逃跑的英荷联合舰队进行追击，使英荷联合舰队有了喘息之机。结果，一年之后，威廉三世彻底剿灭詹姆斯二世在爱尔兰的残余势力。为此，马汉评价道，英王威廉三世的成功，以及欧洲各国在奥格斯堡联盟战争中战胜路易十四，主要原因有两个：一是法国舰队在1690年海战中没有很好地履行自己的职责，没有乘胜彻底歼灭英荷联合舰队；二是法国听凭威廉不受任何干扰地把一支强大的部队运至爱尔兰，直接导致了詹姆斯二世的失败，巩固了威廉三世在英国的王位，并使其得以建立英荷联盟。这样，两个善于航海的民族联合起来置于一个君主的统治之下，利用贸易和海上力量以及从海外获得的财富，确保它们在大陆上的同盟者能够成功地进行针对法国的战争。

路易十四当然不会就此罢休。1692年，他聚集了二万四千人的海军舰队横渡英吉利海峡，准备直接入侵英国本土，结果是乘兴而去，败兴而归。在著名的拉乌格海战中，法国海军遭到惨败，损失了十五艘当时最先进的战舰。路易十四此时也认识到，他无法同时保持一支强大的陆军和一支强大的海军。于是，他转而放弃了海军，大力加强陆军，试图凭借强大的陆军来赢得战争的胜利。此后，法国海军就没有再建设能用于决战的大舰队，只是保留一些力量比较单薄的分舰队进行破坏贸易战，不断袭击英荷两国的海上贸易。

拉乌格海战是法国舰队进行的最后一次大战，此后法国海军便迅速衰落。但法国海军的衰败不是由于某一次失败，而是由法国已精疲力竭和大陆战争的巨大开支造成的。法国海军的衰败，加之当时英王威廉三世的兴趣也在陆军而不是海军，奥格斯堡联盟战争的后五年主要集中于陆战。但是，海权仍然对这场战争的后半期起到重要的影响。一是同盟国海军不断地攻击法国港口，摧毁法国私掠船经常出入的巢穴和部分海运，迫使路易十四从大陆战场上撤出部分部队以进行海岸防御；二是1694年同盟国舰队赶走了意欲占领西班牙的法国舰队，但当同盟国舰队撤走后，西班牙就被法国海军打败并投降了，法国的形势有所好转；三是面对法国进行的大规模破坏贸易战，同盟国的海军有效地打击了法国的私掠船，保护了同盟国的海上贸易。面对英荷两国及大陆国家的围攻，法国独力难支，于1697年被迫签订了《里斯维克条约》。条约使法国失去了《奈梅根和约》以后十九年来通过各种方式获得的土地，并给予德意志和西班牙巨大的战争赔偿。与此同时，条约也给予英国和荷兰很多贸易好处，使得英荷在不断扩大海权的同时，也在不断地损害法国的海权。

马汉在总结这场战争时深刻指出，一个国家无论人口如何众多，幅员多么辽阔，国内资源怎么丰富，也不能只靠自己无限制地维持下去。它必须保持与外界的正常往来，从各处吸取一切有助于其成长、壮大和繁荣昌盛的各种营养。法国在力量处于鼎盛的时期，只知道对王国内部实行绝对控制，没有利用强大的海军力量从国外获得支援。法国凭着自己是一个泱泱大国，坚持与整个欧洲为敌，这种耀武扬威的大陆扩张政策把法国搞得精疲力竭，一点一点地耗尽了元气，最后在与英国的争夺中败下阵来。这段历史值得反思和借鉴。

马汉还指出，是否重视海权，能否正确运用海上力量，对战争的胜负也起着重要的作用。战争爆发初期，法国海军超过英荷海军联合舰队，是世界上最强大的海军。因此，法国完全有可能战胜英荷联合舰队并取得战争的最终胜利。但是，在具有战略意义的各个主要问题上，路易十四都失算了：他没有用海军去援助在爱尔兰苦战的詹姆斯二世；他选择了耗资巨大的大陆政策，无法维持自己的大舰队，最后只好以破坏贸易战为主要作战方式。如果从一开始，法国就用它强大的海军给远还没有准备好的英荷联合舰队以致命一击，那么它赢得战争还是大有希望的。可惜的是，所有的机会都被错过了。路易十四对海战作用的轻视和对海上力量的运用不当，断送了法国在这场战争中可能取得的胜利。

英法两国接下来的较量发生在西班牙王位继承战争中。

1700 年，西班牙国王查理二世死后无嗣，而查理二世的两个妹妹又分别嫁给了法国国王路易十四和奥地利皇帝利奥波德一世，王位继承问题随之产生。当时的西班牙虽然已极度虚弱，但它的名下还有大量殖民地和领地，包括欧洲的尼德兰、那不勒斯和意大利南部、米兰和北部的其他省份，以及拉丁美洲和亚洲数量可观的殖民地和领地。对于法国来说，它当然希望能够借此扩大领土，壮大实力。因此，路易十四极力支持其孙腓力按照查理二世的遗嘱，继承西班牙王位。奥地利自然也不愿放弃唾手可得的西班牙帝国的全部遗产，一场争夺势难避免。

英国清醒地认识到，这种遗产分配关系到英国的贸易、海运、殖民地和今后的发展。为避免西班牙本土、欧洲属地和海外殖民地被法国夺走，英国毫不犹豫地参与了这场争夺。但是，威廉三世的目的很明确，他并不是要阻止腓力继承西班牙王位，而是为了贸易和殖民帝国的利益，夺取西班牙在拉丁美洲的部分殖民地，并保持自己的贸易特权。1701 年 9 月，英荷两国与奥地利签署了一项秘密协定，约定共同对付法国。与此同时，路易十四的孙子腓力根据西班牙查理二世的遗嘱正式继承了西班牙王位，称腓力五世。1702 年，西班牙王位继承战争爆发。此时，英荷两国具有绝对的海上优势，双方开战之初，英国海军就轻而易举地在马拉加海战中大获全胜。此后法国便基本上放弃了海上斗争，战争主要在陆上进行。但海权对战争的影响仍然继续存在，海权具有一种无声的、持久的、使人精疲力竭的压力。它在断绝法国人获取资源的同时，保护了英荷联军源源不断地获取资源；它使英国一面在国外从事战争，同时又能使国内人民安居乐业。海军没有直接参加在尼德兰、德意志和意大利的陆上战争，可是却有效地保护了同盟国的贸易，使同盟国在陆战中所需要的财政援助没有中断。英荷两国所具有的绝对优势的海上力量，对这场战争的结局至关重要。

1713年，精疲力竭的法国被迫与英国、荷兰、普鲁士、葡萄牙等国签订了《乌得勒支和约》。根据和约，法国支持的腓力五世继承了西班牙王位，法国在它的后方如愿以偿地获得了西班牙这个盟友，但是战争已使法国变得虚弱至极，并失去了相当可观的一部分领土，其海上力量损失殆尽，人口锐减，财政濒于崩溃。法国被迫割让了其北部和东部边界上的领土，还放弃了对敦刻尔克的使用权，这曾是英国商船最为惧怕的私掠战的中心。在美洲，法国割让新斯科舍和纽芬兰，为半个世纪后失去整个加拿大作好了准备。西班牙将尼德兰、撒丁、米兰和那不勒斯都割让给了奥地利，西西里让给了萨沃伊伯爵。英国通过条约和战争所获得的，几乎相当于法国和西班牙失去的总和：它从西班牙手里夺得了地中海的战略要地直布罗陀、梅卡诺岛和马翁港，牢牢掌握了地中海的制海权；从法国手中得到了具有非同寻常的军事和商业价值的新斯科舍、纽芬兰和哈得逊湾等北美殖民地。它还与法国和西班牙签订了对自己极其有利的贸易条约，垄断了西班牙在美洲的奴隶贸易，并且控制了葡萄牙在南美洲的贸易。这些都有助于它继续扩大和加强海上力量。最重要的是，陆战的沉重负担已使法国和荷兰海军彻底走向衰败。就这样，英国利用它巧妙的合纵连横手段，在竞争对手、朋友和敌人毁灭的基础上，不仅使它的海军，而且使它的贸易进一步发展壮大。经过西班牙王位继承战争，英国已取得了绝对优势的海上力量，成为举世无双的海上强国。

英法两国的第三次较量，发生在1740年至1748年的奥地利王位继承战争中。同西班牙王位继承战争的起因一样，这场战争也是因奥地利皇帝查理六世死后无男性后裔而引起的。当奥地利公主玛丽亚·特利萨宣布继位时，普鲁士国王腓特烈二世拒绝承认。法国、西班牙站在了普鲁士一边，英国、荷兰则支持奥地利，一场大战随之爆发。这场战争涉及欧洲各国在各地的殖民地，但主要战场在欧洲。事实上，在这场大战开始之前，英国于1717年就卷入了西班牙与奥地利争夺西西里的斗争，并轻轻松松打败了西班牙海军，进一步巩固了在地中海的地位。1739年，英国借口西班牙在公海上对英国商船进行强制搜查发出最后通牒，要求西班牙正式放弃此权力，并将北美的一部分殖民地转让给英国。在这场战争中，强大的英国海军将西班牙海军彻底击败。作为法国的盟友，西班牙在奥地利王位继承战争中事实上已经不可能有什么作为了。

在奥地利王位继承战争中，英国和法国的利益到处都在发生着激烈的碰撞和冲突。在北美洲，英国占据着从缅因至佐治亚的十三个殖民地，即最早的美国；法国占领着加拿大和路易斯安那。法国还要求根据最早发现原则占领整个俄亥俄河流域和密西西比河流域，但英国坚持无限制地向西扩张的权利，没有承认它的要求。两国在这里发生冲突是必然的。在西印度群岛和南美洲，西班牙占领着古巴、波多黎各和海地的一部分，还占据着拉丁美洲几乎全部；法国占领了瓜德罗普、马提尼克和海地的西半部；英国则占有牙买加、巴巴多斯和一些较小的岛屿。西印度群岛上的这些岛屿土地肥沃，物产丰富，气候适宜，既可作为军事基地，又具有较高的商业价值，因而也成为英法两国争夺的目标。在印度，英国占领着孟买、加尔各答和马德拉斯；法国占领着恒河上的金德纳格尔，以及位于马德拉斯以南八十英里的本地治里和位于孟买以南的马埃。势均力敌的双方都希望取得对印度的绝对控制权。

在对印度的争夺中，英法两国的竞争取决于对海洋的控制。从当时的情况来看，法国在印度洋具有较大的优势，而且负责印度半岛事务的迪普莱克斯和拉布尔多奈都有很高的声望和才干，英国在印度的殖民官员则没有一个人能与之相比。可惜的是，他们俩之间意见不合，矛盾很深。迪普莱克斯完全不顾拉布尔多奈关于发展海上力量、建立自由可靠的交通线来取得对印度绝对统治的建议，而集中精力想把印度建设成为一个强大的大陆帝国，法国将是统治这个帝国中各诸侯的君主。法国依靠多年积累的殖民优势不断挫败英国人的图谋，甚至一度攻占了马德拉斯，并粉碎了英国舰队对本地治里的围攻。但就在这时，传来了为结束欧洲战争而签署的《亚琛和约》的消息。根据和约，法国取得路易斯堡，但要把已经占领了的马德拉斯归还给英国。因为法国政府很清楚，英国人已经完全控制了海洋，法国无法给印度的殖民地提供海军支援，因此，印度无论如何也是难以保住的，最终肯定会失陷在英国人的手中。

在欧洲战场上，路易十四统治下的法国在大陆上取得了很大胜利，但在海战中却一败涂地。在1744年英法舰队土伦外海海战和1747年英法舰队遭遇战中，法国海军均遭到惨败，许多战舰被摧毁。由于海军被消灭，法国与殖民地的联系被切断了，贸易也大受影响。当然，英国也没有占到什么便宜，战争给它带来了巨大的灾难，使它负债近八千万英镑，而且其同盟国荷兰正面临着被法国入侵的危险。在这样的情况下，双方于1748年4月签订了《亚琛和约》。除奥地利的几个地方被割让外，条约总的精神是一切都恢复到战前状况。在这场战争中，海权发挥了决定性的作用。可以想象，如果法国拥有一支堪与英国海军匹敌的舰队，并能正确地加以运用，那么法国在海战中、在争夺印度的斗争中，绝不至于落到如此地步。而英国则正是依靠一支强大的海军，不仅打赢了海战，隔断了法国与其殖民地的联系，而且还保持了自己的海外贸易，有力地支援了陆上盟国。

英法两国的第四次较量，也是最后一次决定性的较量，发生在 1756 年至 1763 年的七年战争中。由于《亚琛和约》没有从根本上解决英法之间激烈的矛盾冲突，和平注定不能持久。七年战争开始之前，法国占据了许多有利条件，它征服了梅诺卡岛，又得到了科西嘉，并占有土伦和马翁港，牢牢地控制了地中海。与此同时，荷兰想在战争中保持中立，向法国许诺不恢复与英国的联盟。但是法国人却没有集中力量去反对英国，而是结成了一个新的联盟准备发动另一场大陆战争。在奥地利女皇的不断煽惑下，路易十五与奥地利结成联盟，共同反对普鲁士，俄国、瑞典和波兰也加入了这个同盟。1756 年 10 月，当普鲁士的腓特烈大帝得知这个反对他的同盟后，立即调动陆军入侵波兰，揭开了七年战争的序幕。

在这场战争中，英国已经清楚地看到了它的利益所在，看到了海权的重要作用。它将陆战完全放在次要的地位，而把主要力量集中于海上和殖民地。它与反法国家结成联盟，用金钱支持同盟国（主要是普鲁士）承担主要的陆战任务，自己则把主要精力放在夺取和保持海权上，以此促进本国贸易和对法国进行封锁。而法国由于某些原因，再一次离开了海洋，它的舰队几乎没有出现在海洋上，从而失去了对海洋的控制，放弃了它的一个个殖民地和在印度的所有希望。英国由于有海洋提供保护和给养，便能够到处耀武扬威，而它国内安全稳定，各项事业繁荣昌盛。这场战争孰胜孰负，已经一目了然了。

在这场战争中，英国将其占绝对优势的海上力量发挥到了极致。海军一方面密切监视法国在大西洋的港口特别是布雷斯特港，使法国大舰队或小的分舰队不经过一番苦斗不能离港；另一方面用快速机动的分舰队进攻法国濒临大西洋和海峡的海岸，迫使法国分散兵力，难有作为；同时，又在地中海和直布罗陀附近部署一支舰队，以制止法国土伦舰队驶向太平洋与布雷斯特舰队会合。1758年下半年，法国的贸易能力基本被摧毁，法国人对陆上战争的失败感到十分沮丧，它们终于再次意识到同时进行陆战和海战对于自己极为不利，于是决定直接进攻英国本土。但是英国拥有的优势海军挫败了法国土伦舰队和布雷斯特舰队会合的图谋，并先后歼灭了这两个舰队，使法国入侵英国本土的计划完全落空。

在印度，英国和法国的东印度公司各自都拥有自己的武装，都有实际的统治权。以罗伯特·克莱武为首的英国东印度公司的部队，得到了英国皇家海军的大力支持。法国则因英国控制了海洋而无法向印度派遣增援部队和输送给养，到达印度的分舰队因缺少给养最后也只好撤走了。1761年，本地治里的法国人在受到陆路包围和被切断交通线的情况下不得不投降，这标志着法国在印度的殖民势力已被最后终结。正如马汉所说，由于法国没能有效地通过海洋在远方行使权力，结果失去了加拿大和印度。而英国则控制了海洋，所以它能长久地维持在印度的统治。

由于掌握了制海权，英军掌握了战争的主动权。1757年，英国远征军进攻加拿大。在英国分舰队的帮助下，英军几经努力，终于在1760年攻克了蒙特利尔，完全占领了加拿大。在西印度群岛的加勒比海地区，英国海陆联合远征军所向披靡，法属瓜德罗普岛、多米尼加以及马提尼克、格林纳达等法国殖民地先后易手。1762 年，英国帮助同盟国葡萄牙抵制了法国和西班牙的联合入侵，并占领了古巴，攻陷了马尼拉，最后整个菲律宾群岛都投降了。1763 年，英国迫使法国和西班牙议和，于同年签订了《巴黎和约》。根据和约，法国放弃了对加拿大、新斯科舍和圣劳伦斯湾内的所有岛屿的一切要求，除加拿大外，割让俄亥俄河流域和密西西比河以东除新奥尔良以外的所有领地，英国以归还哈瓦那为代价换取了西班牙的佛罗里达。至此，英国得到了一个广阔的殖民帝国，包括从哈得逊湾开始的加拿大和密西西比河以东的整个地区。在西印度群岛，英国将瓜德罗普、马提尼克和圣卢西亚归还给了法国，自己保留了圣文森特、多巴哥、多米尼加和格林纳达。在印度，英国几乎占领了法国的全部领地，取得了对印度的绝对控制权。梅诺卡岛还给了英国，作为补偿，法国将路易斯安那割让给西班牙。

七年战争后，法国国力遭到沉重打击，失去了欧陆的霸主地位，而英国则稳稳地登上了霸主宝座，成为一个庞大的殖民大帝国。法国地位彻底下降，此后基本上再也没有实力与英国争夺海上霸权了。英国能在这场战争中赢得胜利，靠的就是强大的海权。它在和平时期利用海洋获得财富，战争期间则利用它规模巨大的海军、依靠它大批生活在海上或靠海洋生活的臣民，并利用它众多分布在世界各地的作战基地来控制海洋。海上力量使它富有，并使它有钱支持为数不多的援助者；作为海洋上的统治者，它控制了海洋上所有的交通干线，敌人的舰队不能会合，较大的舰队不能出海，或者出海了也难以得到有力的后援；它切断了法国与殖民地的联系，不仅抢占了这些殖民

085

地，也使法国无法从殖民地获得任何物资和供给；英国还派海军攻击法国殖民地和本土海军，使法国处境艰难，贸易遭到破坏，并迫使法国减少了它本来就不愿意用于海军建设的经费。所有这一切都对英国赢得战争起到了重要的奠基作用。

海权对美国独立战争的影响

七年战争后，英国加强了对北美殖民地的剥削。1765 年，英国政府颁布《印花税法》，规定报纸期刊、法律文件、商业单据等各种印刷品都要交印花税。殖民地人民进行了强烈抗议，但遭到英国政府的残酷镇压，美国独立战争由此爆发。

美国独立战争的爆发迅速引起了法国、西班牙的注意，七年战争中遭到的惨败和耻辱促使它们很快联合起来。西班牙想收回直布罗陀、梅诺卡岛和牙买加，而法国则野心勃勃地想入侵英国。这就使美国独立战争实际上有四个与之相关的战场，即北美洲战场、西印度群岛战场、欧洲战场和印度战场。海战在这四个战场中都占有很重要的地位，海权以及海军力量的运用对战争的胜负起着决定性的影响。

在北美主战场上，由于英国刚开始对爆发战争毫无准备，美国一度占领了波士顿。然而，大批英国援军的到来很快就将华盛顿打得节节后退，波士顿、费城等重要据点相继丢失。面对这种形势，华盛顿开始意识到，海上力量是美国独立战争的关键，因为美国有漫长的海岸线和一些深入到内陆的港湾，经水路调兵比经陆路调动更简便易行。只要获得海上优势，就能海陆联合进攻沿海的英国据点，并以此切断从英国本土运来的源源不断的支援部队和补给品。为此，他力促国会批准建立了

"海军委员会"和海军陆战队，并任命霍普金斯为舰队总司令。但是，这支弱小的海军根本无法与强大的英国舰队对抗，只能依靠武装私掠船对英军进行巡航战。这种战法确实给英国贸易造成了不小的损失，但是仅靠摧毁贸易的巡航战根本不能取得制海权，于是，他开始向法国寻求援助。此时的法国，以舒瓦瑟尔为首的法国政府制定了维持大陆和平、与西班牙结盟和建立一支庞大、高效海军的政策，以此来反对法国的主要敌人——英国。在政府和民间的共同努力下，法国海军力量又得到了恢复。1778 年 2 月，法国宣布承认美国，并与美国签署了同盟条约，正式向英国宣战。1779 年，法国又说服西班牙加入对英作战。得到法、西大力帮助的美军，对英作战开始了戏剧性的转折。经过几场互有胜负的战斗之后，1781 年 9 月，在法国海军的配合下，美军与法军从陆上完成了对约克敦的包围。失去英国海军援助的康华利，在经过一番挣扎后率领七千英军投降，美国独立战争就此基本结束。马汉认为，这场战争能这样快结束，完全归功于法国手中的海上力量和英国不适当地分配其海上力量。就连华盛顿也不得不承认，无论陆军作什么样的努力，在这场战争中，海军是起决定性作用的一票。

在欧洲战场上，法国和西班牙联盟对英国作战主要有三个目标：攻克直布罗陀、占领梅诺卡岛、入侵英国。前两个目标是西班牙人的，后一个目标是法国人的。法西联合舰队在 1779 年和 1781 年曾两次出现在英吉利海峡上，但都没有给英国造成太大的损害；对直布罗陀的行动最后也以失败告终。但是这些行动却使英国不得不分散兵力，客观上支援了美国的独立战争。同样，在印度战场和西印度群岛战场上，海战都是主要的作战样式。虽然法国海军由于这样或那样的问题都败于英国海军之手，但是这些战争都牵制了英国海军的力量，迫使其四出分兵，最终让美国赢得了独立。

通过对美国独立战争的分析，马汉得出了一个结论：不管国家之间斗争的决定性因素是什么，当一个国家想要控制政治上软弱而相距甚远的地区时，就必须保持强大的海军力量，因为它们象征着所有战略中占有重要地位的交通线。这种力量决定着欧洲战场的胜负、美国独立战争的结果、西印度群岛的命运和印度的归属。不论从军事学的角度考虑，还是从经济的角度考虑，这些事情的解决，都要依靠广阔的海洋，在海洋上占据优势的国家必将取得最后的胜利。显然，马汉相信，无论是英法两国的争霸，还是对殖民地的争夺，海军、海运和对海洋的控制都是决定性的因素。如果不是法国和西班牙的支援，如果英国采取正确的军事战略全力对付美国，美国能否赢得独立还很难说。正如马汉所说："如果在没有外来干扰的情况下，英国使用压倒性优势的海军力量扼杀美国的商业和工业，最后，打垮美国人也是可能的。"由此可见，海权对一国的兴亡乃至世界历史的进程起到多么重大的影响。

第 5 章

关注远东

早在 1865 年，马汉就曾搭载"易洛魁"号战舰远航古老东方，到中东地区以及印度、中国、日本等亚洲国家进行考察，对那里的历史、政治、文化、民俗、地理、港口等情况有较为直观的了解和认识。这些对马汉后来阐述亚洲问题以及美国在亚洲的利益及对策提供了知识背景和参考。

欧美列强加强对亚洲的争夺

19 世纪末，资本主义国家从自由竞争阶段发展到垄断阶段，西方列强对殖民地的争夺也大大加剧了。经过反复较量，欧美列强在美洲、西印度群岛和非洲的殖民地格局基本成型，争夺的焦点开始向亚洲转移。当时的情况是，俄罗斯、德国、法国和英国对亚洲的争夺和控制十分激烈。就在它们为瓜分势力范围争得不亦乐乎的时候，刚刚挣脱欧美列强控制的日本也加入了这个行列之中。1894 年至 1895 年，中日甲午战争爆发。在这场战争中，中国在洋务运动中费尽九牛二虎之力建设的北洋海军被彻底摧毁，腐朽卖国的清政府与日本签订《马关条约》，日本吞并了中国的台湾岛，并获得了中国辽东半岛的控制权。当然，欧洲列强绝不能容忍日本独霸中国。1895年5月，俄罗斯、德国、法国三国迫使日本将辽东半岛归还中国，它们还以功臣自居，从清政府手里攫取了更多的利益。从1896年至1900年，德国、俄罗斯、法国和英国也开始在中国争先恐后地划分各自的势力范围，满洲南部包括旅顺港成了俄罗斯的势力范围，山东的胶东半岛成了德国的势力范围，而英国夺取了威海卫，法国霸占了广州湾。列强在这些势力范围获取了各种特权，如建立海军基地、在内陆驻军、铁路租约、垄断贸易、扩大治外法权等等，严重损害了中国的主权和领土完整。

面对欧洲和日本疯狂瓜分中国的情况，美国也不甘示弱。1899年9月6日，美国国务卿海约翰提出了臭名昭著的"门户开放"政策。他竭力主张，在中国享有势力范围的各大国，应一视同仁地使各通商口岸向所有贸易国开放。这是对各列强发出的礼节性照会，以便使美国在各列强的在华势力范围内获得利益均等的机会。1900年，中国爆发了扶清灭洋的"义和团"运动。英、法、德、俄、美、日、意、奥八国联军借机攻打天津和北京，美国还从菲律宾群岛调派二千五百名步兵和海军陆战队士兵参与侵略战争。美国政府担心欧洲列强利用镇压"义和团"运动为借口，进一步排斥美国在中国的利益，因此，海约翰国务卿于7月3日八国联军在天津激战期间，再次向列强发出"门户开放"的照会。这个照会的要求远远高于第一个照会，明确提出美国的政策是"保持中国领土和主权完整"，"捍卫全世界与整个中国进行平等和公正贸易的原则"。英国和德国此时也担心俄罗斯独占满洲和中国华北的利益，于是在10月

16 日通过的所谓"长江协议"中同意了美国的"门户开放"政策。但是，俄国根本不予理会。

美国"门户开放"政策为马汉开辟了一个全新的研究领域。在海约翰发出第一个门户开放照会的时候，美国政府的注意力实际上已经开始由菲律宾群岛转移到中国了。马汉也开始努力使自己成为一名研究中国问题的专家，这主要是由《哈珀月刊》邀请马汉撰稿的合同促成的。按合同规定，马汉要撰写一系列关于亚洲问题的文章。后来，他将这些发表过的文章汇编成一本书，书名为《亚洲问题及其对国际政策的影响》，简称《亚洲问题》，于 1900 年由利特尔与布朗出版公司出版。

《亚洲问题》一书，开创了把海权理论与地缘政治理论相结合研究国际问题的先例。他关于地缘政治的观点批判地借鉴了哈尔福德·J·麦金德在 1904 年提出的"中心地带"理论。麦金德认为，世界的政治未来不属于具备强大海上力量的民族和国家，而属于包括东欧、西亚和中亚平原的"欧亚中心地带"的内陆民族。从这一地区中将产生一个强大的陆上国家，它将进军和征服位于欧亚沿海地区的民族和国家，进而征服欧洲、亚洲和非洲这个"世界岛"，最终主宰全世界。麦金德言外之意是，俄国由于其独特的地理位置，很可能成为即将出现的中心地带帝国。马汉虽然并不认同麦金德关于世界的未来将属于欧亚中心地带内陆民族的观点，但他同样看到了俄国是亚洲未来的关键。他认为，在亚洲争夺的主要对手是英国和俄罗斯，他们从波斯湾到满洲里都存在难以化解的矛盾，残酷的沙俄帝国主义是对中国保持统一的最大威胁，也是对世界和平的最大威胁，属于斯拉夫族的俄国人和属于条顿族的英国人将有一场你死我活的较量，最终势必也会将美国和德国，还有新兴的日本帝国等国卷入其中。马汉同时还认为，美国人应该将目光转向亚太地区，因为亚太地区才刚刚进入各大国利益关系的视野。这就像四个世纪之前美洲和好望角的发现大大拓宽了人们的眼界一样，在过去半个世纪中，亚洲也逐渐为人们所注意，这必须引起美国人的高度关注。他积极评价了海约翰国务卿关于在中国实行"门户开放"的政策，并为此而奔走呐喊。他主张建设一支强大的海军，以菲律宾为跳板向亚洲扩张美国的势力。

亚洲的地缘政治特征

马汉对亚洲大陆的地缘特征是这样描述的：如果从长与宽两个方面观察亚洲大陆，首先最突出的一点就是它几乎完全处在赤道北部，而且主体处于北回归线与北极圈之间，也就是所谓的温带地区。就大致轮廓而言，亚洲大陆沿北纬三十度从东至西的跨度大约是五千英里，而沿北纬四十度则会增加几百英里，这是西部的小亚细亚半岛和东部的朝鲜半岛的自然延伸所致。在这条带状线之内，存在着苏伊士地峡、巴勒斯坦、叙利亚、美索不达米亚、波斯（伊朗）、阿富汗、帕米尔高原、西（青）藏高原、长江流域的大部分和位于这条大河下游最重要的上千英里部分。总的来说，这是一个争执不断的地区。如果看一下地图，就会发现上述地带有一条分隔线，这条线所经过地区的政治局势都是动荡不安的，包括中国的新疆地区、坎大哈、喀布尔，还有满洲和旅顺港等等。由于遭受着外部的冲击，各种势力在这里互相交织、斗争，使得该地区充满不稳定因素。

英国和俄国在亚洲的领土扩张是当时最主要的背景。庞大的俄罗斯帝国领土从小亚细亚的顶部连绵不断地向东延伸，并横亘在日本的上端。俄罗斯的领土还像一把楔子伸进了中亚，其一翼受到了高加索山脉及内陆里海保护，另一翼则从阿富汗向东北延伸至中国西部边境的山峦而得以加强。俄罗斯在大陆东端正跨过满洲里向旅顺港方向顺利发展。这样，俄罗斯可以利用地理上的便利条件，依托东西两翼努力向南推进，而前进的中心地带就是阿富汗，以及新疆、蒙古地区。最为可怕的是，由于俄国处于中心地带，且实力强大，目前还没有任何力量能阻止它在这一地区的扩张行为。

然而，俄国在亚洲西侧南下的势头，在南亚半岛受到由英国人控制的印度的阻隔。印度的陆上边境受阿富汗山脉和喜马拉雅山的保护，只要英国的优势海军依然存在，它的后翼也无懈可击。实际上，印度是英国的一个前进基地，它可以成为开往埃及或中国的远征军的出发地。此外，印度位于中国与埃及之间的中心位置，也处于澳大利亚和好望角之间的中间线上，在英国与其他殖民地互相支援和联系中起到了协调集中的作用，这对于像英国这样殖民地众多的国家来说，是至关重要的，有时甚至可以说是生死攸关的。就印度与亚洲其他地区的相关性而言，从印度进入缅甸，就可以避开喜马拉雅山脉，向长江上游地区及中国西部省份施加政治和商业影响。这样，仅从地缘上就可以清晰地看出，当前和今后相当长一个时期内，俄英两国将是争夺亚洲的最主要的对手。

但这并不是马汉要表达的重点，以上只不过是阐明了当时亚洲棋局上最主要的两个棋手而已。马汉的真正用意在于呼唤美国政府的重视：美国应该也必须参加到这场博弈中来。美西战争之后，美国吞并了夏威夷，占领了关岛和菲律宾，已经在扩张道路上迈出了决定性的一步，美国的长期眼光已经超出了安的斯群岛和巴拿马地峡，注视到了太平洋以及正在中国和日本发生的重大事件。但这种注意仍然有其不足，美国人的眼界并未真正超越夏威夷，他们只是从防御的观点来看待它，而没有把它看作在世界发挥更深远影响的跳板，美国的扩张主义者仍然被从早期历史中继承下来的孤立主义思想所制约。

马汉指出，美国人的习惯是对对外政策方面的话题漠不关心，这是从以往的历史中继承下来的。独立战争以前，为了免于受到外部的干扰和影响，选择独立于世界之外尤其是独立于欧洲之外是明智之举。但是现在时代已经变了，美国人的思想观念也必须随之而变化，必须抛弃陈腐的孤立主义思想，开始作好充分的准备，以应付未来可能发生的任何事变。尤其要关注亚洲，因为外部环境已经将所有国家的注意力都集中到了那里，美国人也必须参加进来，维护自己在亚洲的利益。亚洲的中心地带将毫无疑问地成为未来财富的源泉，可以最终向世界的普遍繁荣提供直接或间接的贡献，这一点仅仅从亚洲发展国内所需的劳力和资本的使用就能看得出来，这也是亚洲深受各国关注的原因之所在。

海权国家与陆权国家之争

马汉分析指出，亚洲的交通在当时无外乎两种方式：海路和陆路。无论从哪个方面来看，海路交通都拥有陆路交通无法比拟的优越性。陆路交通受制于地形条件，也受制于改变这种地形条件所需要的投入和开支，因此陆路交通与海路交通的成本无法相比；海路交通的运载量也远比陆路交通大，陆路交通在速度上的优势无法弥补运量上的劣势，因为交通运输的好坏不只是取决于速度，也取决于在较长的时间内能够运送的货物数量。

然而，海上交通的存在是一回事，对它的运用则是另一回事。运用海上交通必须具备两个条件，一是要有一支强大的海军力量，二是海陆交界地带的海上力量和陆上力量必须能很好地协调行动，才能相得益彰，保证海路运输顺利进行。因此，陆权的使用受离海洋远近的影响，而在海陆交汇之处，陆上环境也制约着海权的使用，海权在性质上就不再是一个独立的因素，而受制于陆权大小的影响。俄国的统治中心离出海口较远，它不可避免地要依赖陆路来完成控制亚洲的大量交通和联络任务，而它的陆上自然条件则相当恶劣，要完成如此众多的重要任务绝非易事。就俄国的情况而言，海上贸易的好处只会波及离海岸较近的地区，而这一部分地区只不过是俄国庞大领土的一小部分，毫无疑问，在积累财富方面俄国处在明显不利的地位。

在争夺亚洲的问题上，存在着陆权国家与海权国家之间的冲突。俄国的自然环境使它特别偏好实行领土占领，凭借着对领土的全面主宰，俄国得以在海权作用范围之外随心所欲地施展力量。但是，这样的独占政策也有致命的弱点，就是容易分散力量。俄国幅员辽阔，内部交通欠发达，而且被占领区的人民肯定要起来反抗，这就迫使俄国不得不分散自己的力量。此外，那些容易被占领的地区，大都处在俄国侧翼的位置上，极易遭受攻击。俄国的这种地缘状况决定了它的利益之所在，就是要寻求尽可能宽阔、开放的通向海洋的出口。从彼得大帝开始，俄国就进行过多次这种努力。东部的目标是中国海岸，西部则有两个方向，一个是经波斯抵达波斯湾，另一个是经黑海或小亚细亚进入地中海。事实已经证明，俄国已经开始了这样的行动，一旦它在波斯湾得手，就会进行针对印度的行动。毫无疑问，俄国的这些行动将严重影响其他国家的利益，激起它们的强烈反对和敌对情绪，尤其是英国。因此，当前的斗争是在亚洲中心地带的两翼进行的，而且将因俄国的扩张行动而继续下去，同时还可以确定的一点是，这场斗争将在海上强国与陆上强国之间展开。当然，海权和陆权都不是单独存在的，而是相辅相成的。在亚洲这样的地理环境下，陆上强国也需要推进至海边，利用海洋为自己服务，正像俄国所做的那样；而海上强国也必须以陆地为依托，给自己提供基地和补给，就像英国对印度的控制那样。

在陆权和海权的冲突上，明显地可以分为两个集团，一个是法俄联盟，另一个则是英、日、美、德的合作。法国和俄国有着正式的联盟关系，作为海上强国的法国在东方成了俄国的支持者。而英、日、美、德则没有也不用存在联盟关系，它们之间有着天然的一致的利益。英、日、美三个国家都是海上国家，它们的军事力量主要在海军方面，而德国要求商业的发展也必然反对独占性控制，它也有庞大的海军扩充计划。这样，一旦形势需要，四个国家都可以在中国采取同样的以海军为后盾的行动。四国的海军力量明显比法俄海军力量强大，而且它们还可以得到陆军的支援，长江也为它们进入内陆提供了便利的通道，这些都是法俄联军所缺乏的。

四个海上国家凭借着在东亚的地理存在，能够有效地抵制来自俄国从北方的扩张，但前提是它们之间能进行真诚的合作，防止它们在亚洲一些地区的竞争演变为敌对行动，这对于维护它们共同的长远利益非常重要。马汉还把陆权与海权的发展与种族的地缘关系联系起来，认为条顿种族国家占据海洋，而斯拉夫种族国家则几乎与海相隔绝，这是一个辩证的关系；条顿种族在陆权方面处于劣势，它在地理上远离亚洲，而斯拉夫种族的一大片土地却和亚洲接壤。他分析指出，由于亚洲的对外交通几乎全由海路，故而这方面条顿种族拥有无可比拟的优越性，斯拉夫种族则明显地处于劣势。马汉由此得出结论，要想在与俄国的竞争中获得成功，必须依赖海权，而海权对亚洲的影响，只有通过针对俄罗斯的侧翼，才能有效地扼制俄罗斯。更确切地说，就是针对俄罗斯的海岸，也就是朝着俄罗斯的海洋出口而进行扼制。

虽然各国会因为利益冲突而在亚洲展开争斗，但马汉认为不必为此忧心忡忡，因为这是现实，是不可逆转的，也是必须接受的。要想解决这个问题，各方必须加强合作，以求得外部力量的政治均衡，防止任何国家或国家集团的联合处于主宰地位，实际上就是要防止俄国的独霸地位。在亚洲处于优势影响地位的种族文明除了斯拉夫文明和条顿文明之外，还有一个种族必须被考虑进来，就是日本。英国、德国和美国同属于条顿文明，首先它们之间要展开真诚无间的合作，由于它们的利益是一致的、长远的，并且都是海上强国，因此它们之间的合作不仅是可能的，而且是牢固的。英美之间有着深厚的联合基础，自美西战争以来，它们的互相理解就已开始，不仅表现在利益和传统方面，也表现在平等和法制方面。其他的条顿大家庭成员也应该参加进来，尤其是德意志帝国，因为德意志帝国与英美国家有着同一的语言起源和种族起源。

马汉指出，对日本应该格外注意，因为它有明显的重要性。虽然就文化和位置而言，它是亚洲国家，但通过明治维新和"脱亚入欧"政策的实施，日本已经取得了国际社会"全权成员"的资格,而且也将进入海上强国之列。因此,在英、美、德的合作基础上,还应该与日本展开合作。

马汉对日本的认识经历了一个渐进的过程。刚开始的时候,他认为日本对于大陆的领土企图再大,也是有限度的,因为日本国土狭小,人口又少,它希望扩张领土是没有道理的,也不太可能有足够的力量在远方用兵。况且日本接受欧洲文明时间很短,还远未能消化这些文明,日本的变化还不可能渗透至深层,也不可能根本改变习惯和思维方式。但是随着时间的推移,马汉对日本在亚洲的野心越来越警惕。1902 年,英日条约签订。对这个近代史上第一个亚洲黄种人和欧洲白种人签订的同盟条约,马汉十分不满,他认为这严重损害了美国利益。事实上,马汉一直都对东方人有偏见,不管是中国人还是日本人。他认为东方人文化停滞,种族低劣,文化落后,他一生都在反对"黄祸",致力于阻止日本人和中国人向夏威夷和加利福尼亚迁移。1904 年,日俄战争爆发,俄国被打败,这更令马汉和所有的西方人大吃一惊。在马汉脑海里,日本突然变成了美国在远东和太平洋的主要敌人,到最后,他几乎肯定美国的下一场战争将在太平洋与日本进行。这样,在马汉看来,在亚洲这盘棋上,就有三种不同类型的种族在博弈:斯拉夫的、条顿的和亚洲的。马汉从现实出发,认为在中国和亚洲东西端要发展自己的利益,就离不开武力的存在。为此,条顿种族必须发展海权,发展海军,并争取日本的支持,在亚洲维持平衡局势,以对抗俄国强大的陆军力量,防止俄国一家独大。

中国是列强在亚洲争夺的焦点

马汉认为,陆上和海上强国的政策对象是那些政治与社会前景尚不确定的地区，这些地区有东面的中华帝国，尤指汉族地区，还有西面土耳其的亚洲部分及波斯。这些地区有着巨大的发展潜力，但是政府和人民同样地安于现状，不知道也不期望发展进步，因此，西方列强才得以插手其中，或者像对印度那样实行直接统治，或者像对埃及那样，对名义上保持独立的政府实施强有力的控制。这种情况在中国已经出现了，而且有好几个国家都参与其中。马汉认为："当前主要利益焦点是中国，它幅员广大又处于动荡之中，另外，在中国四周还有着其他陆上的或海上的富庶地区，它们构成了从爪哇至日本的东亚世界。这一地区的未来市场价值是愈演愈烈的政治和军事争论的核心所在。"列强争夺中国是因为它地大物博、资源丰富、人口众多，是发展商业和贸易的重要场所，是生产和销售产品的理想基地。这一点不同于埃及。埃及的战略重要性在各个时代都是众所周知的，它毗邻黑海、波斯湾、红海和利凡特（对东地中海地区的泛称），是连接欧亚非三大洲的桥梁，对这些地区直至外部世界事务都有重要的影响。因此，世界各强国都在为从中国获得一块用以施加控制或影响的地盘而努力，它们要求获得某种优势，实实在在地拥有某些权力和地盘，不同的国家出于各自的利益，在中国展开争斗与冲突是不可改变的。

这里，马汉赤裸裸地为帝国主义列强瓜分中国的强盗行径进行辩护。他说："在中国这么一个广大地区发展，外来影响可以依据各自的利益在不同分布区域发挥各自的作用。……多个国家的介入会导致彼此有着不同特点的影响，这也不是没有益处的。在像中国这么大的国家，影响的多样性在本质上是有益的。即使这会促使政治分裂，这对中国的内部管理及世界的总体均衡也未尝不是好事。……即使中国不会有多个政府，至少也希望能出现体现不同政策观念的反对派别。"很显然,马汉清楚地看到,西方列强为了加强对中国的控制,必然会扶植自己的代理人,以攫取更多的利益,这不可避免地会使中国陷入四分五裂的内斗之中,但对于其他国家实现在中国的利益平衡则大有好处。

中国是一个传统的陆上国家,这对海上强国来说,在中国争得权力和地盘不如陆上强国俄罗斯那样方便。因此,海上强国在中国获取利益,"有一个明显的不利因素,即中国首都的位置。由于自身力量的特点,海上强国无力进行领土扩张,它们只能通过中国人来发展中国,只能激励而不能取代现存的统治权威。因此,它们希望中国政府的所在地能迁往长江流域,且就在长江沿岸,从而使长江流域成为中国发展的中枢地带。"同时由于中国处于太平洋之西,有漫长的海岸线,这种地理位置就使得海上强国能够由海洋顺利抵达长江流域,进而控制中国的枢纽地带。所以,马汉提出,如果中国的首都迁至长江流域沿岸,就能将大海与长江流域的心脏地带连接起来,便于海上强国在中国更好地发挥作用和影响。因此,"海上强国需要在中国海岸拥有地盘,并开辟它与世界的自由交通,它们可以直言不讳地声明,长江的可航行河段是它们进入中国内陆的必经之路和在当地发挥影响的中心"。为此,海上强国与俄国必须达成一致的看法,即俄国不应对长江流域的任何地区实行军事占领,以使某些水域对海上强国强行关闭;当然,海上强国也应该保证俄国在和平时期享有对长江流域商业的使用权。但是,马汉从心底里不相信俄国,事实上他除了觉得俄国国歌的曲调比较优美外,从未喜欢过俄国。他认为陆权比海权可怕得多,因为海上强国不止一个,且力量基地比较遥远,海上强国一般也只钟情于获取利润，对使用武力和占领领土兴趣不大。而俄国历史上就倾向于使用武力和占领土地，更何况俄国与亚洲邻近，调集兵力十分简单快捷。为了抗衡俄国的影响，海权国家必须利用海军力量的优势，同心协力地抵抗俄国的排他性举动，或帮助被入侵的国家抗击俄国的征服行为。马汉把对中国的控制定义为："谁拥有长江流域这个中华帝国的中心地带，谁就具有了最可观的政治权威。……在长江流域撒下一颗种子，它会结出一百倍的果实，在其他地区也有三十倍的收获。"一旦形势需要，海上强国可以利用手中掌握的基地，进则可以从海上顺利地侵入中国，退则足以防范陆权国家俄罗斯的进攻。

美国在中国的利益

马汉特别强调美国在亚洲尤其是在中国的特殊利益。从地理上看，美国经由最短的航路比欧洲各国离东亚更近；美国有太平洋作为安全屏障，更能自如地采取对外行动；美国的财富巨大且日益增长，在亚洲还有菲律宾这个重要的根据地和跳板。因此，美国必须重视在中国发生的任何事情，在欧洲列强瓜分中国的过程中分得一杯羹。

美国在中国的利益有两点，一是必须强调美国的权利，确保美国的利益不受侵犯；二是确保中国政府以及中国的独立和统一。这两点看似矛盾实际上却是互相补充的。美国自始至终都致力于促进发展贸易和商业，一旦某个大国对中国领土实行独占，或者几个国家把中国瓜分完毕的话，美国要想在中国获得市场是很难的。因此，对于美国来说，确保中国政府以及中国的独立和统一，恰恰就是它的利益之所在。因此，美国提出"门户开放"政策，意在反对各国独占和瓜分，实现"利益均沾"，实际上也就是为自己这个后来者争得一份利益。

在处理中国问题时，美国的"首要目标是：第一，防止任何外部国家或国家集团处于政治上的绝对控制地位；第二，坚持门户开放……中国不仅应在商业上开放，也应对欧洲的思想和来自各个领域的欧洲教师开放"。事实上，马汉对让基督教渗入中国比在商业上的开放更感兴趣，对他来说，门户开放首先是对基督教教会开放。因为，马汉自始至终都是一名虔诚的基督教徒，基督教在全世界的扩展和繁荣是他乐于见到的。

马汉在总结对中国实行"门户开放"政策的基本经验时指出："在中国的贸易开放上的每一步进展，都是凭借压力取得的，而最重要的施压手段就是战争。"因此，美国政府不能让中国问题"放任自流"，"为了普遍的利益，必须使中国对欧洲和美国的生活方式和思想价值观念开放，必要时可使用武力"。在这里，马汉再一次提到了长江流域对美国实现在中国利益的重要性。他指出，征服一个地区的最好办法是首先找到一个中心而不是四面出击。在中国，这个中心就是长江流域。就门户开放政策而言，它最容易在中部地区得以实现，并以此为基地推动其他地区的发展，原因就是海权在中部长江地区最能稳固地存在。长江深入中国内地，而且较大吨位的轮船从海上可以直接沿长江的主要河段上溯而行。一旦在长江建立起稳固的势力，就在中国内地占有了优势，并能自由地、稳定地通过长江沟通海洋。这是长江流域得天独厚的优势，美国对此必须牢记在心。

马汉还提到，要想保持在中国的影响和势力，不可避免地会遇到俄国这个阻碍。因为俄国有强烈的独占倾向，这会影响美国的利益。但是客观上，在陆权和海权的对抗之中，没有哪一个海上国家有能力单独抵制俄国的力量，即使是在几个关键地区抗衡俄国也会使任何一个国家不堪重负。为此，美国必须做好两项准备工作：

一是加强英美合作。马汉始终强调在未来的太平洋商业上，在中国问题上，英美有着巨大的共同利益。英美在加勒比海曾经有过敌对关系，但是目前，英国为了其他地区目标的实现，已经放弃了西印度群岛和南美地区，并在美西战争中事实上支援了美国，而美国在加勒比海和中美洲地峡拥有压倒性的优势地位已为英国所默许，这正是两国达成合作的重要基础和标志。英美在"门户开放"政策上已经达成了共识，它们都希望中国保持统一，在反对瓜分和兼并中国的问题上，两国有着一致的认识和利益。因此，他呼吁美国民众，一定要放弃对英国持有过时的敌意，要相信英国拥有一支天下无敌的海军，对未来英美之间的合作和分工是有益无害的。

二是建设一支强大的美国海军。美国的重点应该是亚洲，而未来亚洲的发展取决于海权，无论是从制衡俄国的角度来看，还是从发展贸易和商业的角度来看，这一点是确定无疑的。美国已经拥有了不少舰船，但是仍然比较缺乏操纵各种舰船的训练有素的人员，为了弥补这个缺陷，必须保持一支由服役人员和现役军官组成的常备力量。马汉特别指出，保持一支精干的常备力量对于维持海军建设质量具有重大意义。在帆船时代，由于海军的专业性不是很强，战时征招足够的海员实际上很容易，但是进入蒸汽时代，海军的专业性大大加强，一般人员没有掌握足够的专业知识，是不能胜任自己的职责的。因此，计算海军常备力量的大小，必须以战时为依据，否则海军能否真正履行自己的使命就很难说了。

《亚洲问题》的大部分章节是在 1900 年美国总统选举期间写成的，后来被译成德文和日文，但是引起的反响并不大。当时民主党提名的总统候选人布赖恩坚持孤立主义观点，而时任美国总统的麦金莱则坚持扩张主义政策。由于马汉积极赞同"美国向外看"，千方百计地寻求普通民众对扩张主义的理解和支持，因此《亚洲问题》被人们视为扩张主义的政治纲领。大选的结果是麦金莱总统再次当选。马汉为此欢呼雀跃，他把麦金莱总统的胜利，看作民众对美国政府在远东地区扩张政策的肯定，看作《亚洲问题》一书的胜利。马汉的朋友西奥多·罗斯福也当选为副总统，海约翰仍留任国务卿。新一届政府完全由一批热衷于走扩张主义道路的人把持着，它标志着美国将要彻底告别孤立主义，在世界范围内进行扩张和冒险。事实上，后继的政府基本上接受了马汉关于海权的观点，一面加紧对亚洲的渗透和控制，另一方面致力于建设强大的海军力量，以保护美国的安全和它在世界各地的利益。

第 6 章

惊世预言：欧洲的冲突

马汉多次去欧洲旅行访问，对欧洲各国的情况和形势发展有着深刻的认识，通过近十年的研究，他得出一个惊人的结论。他认为："世界范围内的斗争是获得者与未获得者之间的斗争。""获得者"国家有三个：英国、法国和美国；"未获得者"国家有三个：德国、日本和俄罗斯。这一论题直到 1939 年第二次世界大战爆发之前才成为欧洲报纸大量谈论的话题。只不过马汉当时对俄罗斯的看法与后来人们的普遍看法有所不同，他将俄罗斯定义为"未获得者"国家，因为它仍然在寻找出海口。马汉对这些国家之间关系的分析非常独到，其基本观点先后被两次世界大战所证实。他早已看到，20 世纪将是一个流血的世纪。因此，他准备撰写对 20 世纪头十年国际时事的综合性分析，目的是通过回顾过去从中寻求经验教训，分析当前形势以指明今后的前进方向。毫无疑问，这些带有国际时评性的文章都深深地渗透着关于海权的观念。这些文章旨在让普通的美国民众了解"力量均衡"和"欧洲协调"这些现实的理论问题。他还企图阐明英德之间的关系，并指出 1910 年欧洲同盟国之间的关系以及美国的门罗主义和门户开放政策。这些文章后来被结集出版，书名为《美国在国际环境中的利益》。

对美国孤立主义政策的批评

马汉回顾了美国孤立主义思想产生的历史背景，其意在唤起美国普通民众对国际局势尤其是对欧洲局势的重视，因为这对美国的利益至关重要。马汉以焦虑的心情指出，目前美国公众对国际形势普遍漠不关心，政府圈子之外的人根本不重视国际关系，而政府又把主要精力放在别的事务上。据说当时美国一名精明的老国会议员就曾谆谆告诫一位新当选的议员：如果你希望保持选民的支持，最好不要去外交委员会任职，因为大众对国际问题毫无兴趣。

马汉指出，美国刚刚诞生的时候，正是法国大革命及拿破仑战争时期，由于美国在独立战争中与法国签订了不少条约，因此遇到了不少棘手问题，这使美国对卷入欧洲事务极为反感。此后，华盛顿在告别演说中一再告诫美国人民不要卷入外部纷争尤其是欧洲事务之中，否则对美国没有好处。这项政策一直得以继承和保持。1803 年和 1821 年，美国先后得到路易斯安那和佛罗里达，使领土从大西洋伸向了太平洋与墨西哥湾。西属美洲爆发革命后，由于加拿大的存在，美国在地理上就与欧洲势力脱离了接触，这就使美国不卷入欧洲事务有了地理上的保证。门罗主义提出后，在美洲的欧洲势力逐渐被排除出去，避免与其发生纠缠的愿望也最终得以基本实现。南北战争期间及其后，美国忙于内部事务，经济实力不够强大，因此无暇顾及其他，孤立主义政策仍占主流。但是经过近两代人的努力，马汉认为美国再也不能生活在这种偏执的心理之中了，因为它将会妨碍美国继续前进。他指出，国家政策中的保守主义是必不可少和值得称道的，但"我们的思想中又应该具备某种弹性，具备使我们前进的动力。任何保守主义都不能防止外部环境发生变化，如果人或国家不能使自己适应于时代，看来牢牢在握的东西也会丧失殆尽"。因此，放弃孤立主义政策，积极进行对外扩张，是时代要求美国必须作出的选择。

同盟国与协约国

20世纪初，欧洲局势发生了深刻的变化，列强争夺殖民地和划分势力范围的竞争愈演愈烈。在这个过程中，各国由于地缘和利益关系，互相之间既展开你死我活的斗争，又不得不寻求相互间的合作。在不断的斗争和合作中，各种力量分化组合，最后形成了以英、法、俄为核心的协约国集团和以德、意、奥为核心的同盟国集团，它们相互对抗。

马汉认真分析了当时欧洲的形势，特别强调德国的发展及其给世界各国带来的巨大压力。确实，德国的强大使欧洲的形势发生了巨大变化。统一之前的德国处于四分五裂的状态，政治上的分裂，经济上的不发达，使德国在长达几个世纪的时间内裹足不前，在与其他欧洲国家的竞争之中被远远抛在后面。

德国统一后，在铁血宰相俾斯麦的铁腕统治下，经济有了长足的发展，军力也得到了前所未有的扩张，对外政策日益强硬。越来越多的人已经感觉到，德国正开始成为而且极有可能成为一个令所有国家都黯然失色的集权国家。德国的崛起可以与西班牙、法国和英国的兴起相媲美，但是德国与它们却完全不同。德国感兴趣的区域绝不仅仅限于欧洲，而且还包括范围广泛的海外殖民地，这一点与西班牙和法国不同；它所依靠的是一支无与伦比的陆军，这一点又与依靠海洋发家的英国不同。

德国所具有的巨大优势，不仅体现在军事上，而且还体现在德国的民族性格和集权体制等各个方面，德国有在世界政治中发挥作用的坚定意愿。德国的民族性格中有很强烈的个人服从集体的意识，这是与英、美主张个人自由和权利的观念完全不同的。这种个人服从集体的强烈意识是数代人乃至数十代人造就的，它对德国的统一和发展起着重要的作用，而且德国政府正在利用这种国民性格以更大限度地集中权力。德国人在从事工商业方面也有着公认的优越之处，他们总是根据目标来调节手段，善于全面仔细地考察问题的细节，而且还得到了政府的大力支持。

经过几十年的努力，德国已建成庞大的工业体系并组建了一支大型商业船队。然而它同时也发现，世界各地的市场和原料产地已被其他国家占据或控制，虽然它有船队，有商业，但却缺乏必不可少的国外市场。它只能在自己控制范围之外的海外殖民地进行贸易，但却又遭到各国贸易保护主义的限制。它所占领的殖民地太少太贫困，根本不能满足自己的需要。在这样的情况下，再没有什么比建立一个大德意志帝国更能令德国人动心，也没有什么比占有更多的殖民地更吸引它了。毫无疑问，德国要想扩张势力，首先必须突破英国的阻碍，因为英国当时是一个殖民大帝国，占据了世界上最多、最好的殖民地，要想抢夺地盘，重新洗牌，首先得过英国这一关。因此，德国和英国之间的矛盾就成为国际关系的中心，而其他欧洲国家则根据自己的利益需求，分别站在某一边。随着形势的发展，欧洲最终形成了以英、法、俄为核心的协约国集团与以德、意、奥为核心的同盟国集团，它们相互对抗。

马汉详细分析了协约国和同盟国之间的优劣对比。同盟国的优势在于，德国与奥匈帝国的联盟是坚定的，因为奥匈帝国是德国的近邻，自己的实力又不够强，无论它在国内遇到什么麻烦或者对外有什么领土上的要求，它都有求于德国，这就决定了不管今后事态有何变化，它肯定会毫不犹豫地站在德国一边。在地理上，德、奥紧靠在一起，必要时容易互相支援，协调行动，德、奥政府控制下的铁路系统使得调动军事力量更加快捷方便。德、奥位于中欧，这样的中心位置使它能够同时对几个敌人进行连续的打击，而且还便于集中优势兵力进攻敌人的薄弱环节。地理上的居中使它可以沿着内线调动军队，这就意味着可以更迅速更快捷地行动，更加节省时间。英、法、俄则地理上相对比较分散，协调行动十分困难，尤其是俄国，幅员辽阔，交通状况欠佳，动员和调集兵力十分不便。德国还是欧陆上的一个超级军事强国。1870 年以来，德国人口增加了一半，从四千万增加到六千万，而且还以每年八十万人的速度在增加。当时英国人口只有德国的三分之二，这就使德国陆军能够在欧洲一直保持领先地位。

当然，同盟国的劣势也是很明显的。这主要表现在：德国濒临北海和波罗的海，它的所有内陆通道都以这两个海洋为入海口，德国的商业也因此集中在这些地区。德国通往大西洋和其他大洋的所有航线都必须经过不列颠群岛，而英吉利海峡和多佛尔海峡的一侧全部都是英国领土，其中还有两个主要的海军基地。一旦发生战争，英国很容易对德国进行封锁，德国海军和商船的行动就会大大受到限制。当时的德国已经在北海和波罗的海的连接处易北河口修建了基尔运河，完善了在北海的海军基地威廉港和赫尔果兰岛鱼雷艇基地，在某种程度上缓解了一些压力。

此外，同盟国的内部也不完全是铁板一块，德国和奥匈之间的联合当然可以看作牢不可破的，但意大利就难说了，因为意大利与奥匈帝国之间存在难以化解的矛盾。奥匈帝国有着在意大利半岛进行扩张的传统，它曾经占据过威尼斯、米兰、那不勒斯和西西里，目前它又把目光投向了亚德里亚海的另一侧，也就是巴尔干半岛。这是意大利难以容忍的，更何况生活在雅斯特和特伦特的意大利人依然处在奥匈帝国的统治之下。因此，奥匈帝国和意大利之间的利益冲突是难以化解的。此外，意大利的亲英倾向也是明显的，这种倾向源于两国历史上的互相好感和意大利的海洋国家身份，意大利甚至还与从前互相疏远的法国日益接近。这样，三国同盟的力量由于意大利的不确定就被大大削弱了。

马汉分析了这些情况之后得出了自己的结论：德国和奥匈帝国之间是"超级伙伴关系"，任何一个国家无论在世界上的哪个地方和德国发生了矛盾，都不得不掂量掂量奥匈帝国的分量和作用。如果英、法、俄三国协约集团中的任何一个国家与德国发生严重的对抗，就必须得考虑到奥匈帝国的反应。比如，如果法国想动用自己的海军支援英国，那它就不仅要留意德国，而且还要考虑应付奥匈帝国对自己陆上边境的威胁，这就是德奥同盟的力量之所在。因此当前欧洲均势的特点是，"天平的一端是基于地理位置和必要的相互依赖而聚为一体的力量；而在另一端，力量分散且缺乏必要的凝聚力。因此，在制衡的力量出现之前，欧洲的均势天平不可阻挡地会向一端倾斜"。意思是说，在协约国与同盟国的对抗中，同盟国在地理位置等要素上处于优势地位，如果没有足够有效的力量制约德奥集团，那么同盟国将在未来的竞争和冲突中占有绝对的优势。显然，马汉并不愿意看到这种局面。

马汉进一步指出，只有一种力量能有效地制约德奥集团，那就是英国海军对德、奥、意联合海军的优势，以及它在北海钳制德国的贸易通道，在亚得里亚海和地中海控制奥地利和意大利的贸易运输线的优越地理位置。只要英国努力保持"双强"海军标准，这种有利的态势就能确保英国海军的制海权，而德国将不敢轻举妄动。一句话，英国海军对德国的陆军起到了平衡的作用，这样至少暂时使欧洲大陆得到了某种均衡。但使马汉感到不安的是，德国决心在世界政治中发挥主导作用，公开地计划建立一支比英国海军还要强大的海上力量。它正在为此进行周密细致的准备，却从未正式表述过它发展海军的目的，与此相对应的是，奥匈帝国也在亚得里亚海展开了发展海军的行动。德奥的行动显然引起了英国的警觉，它正在把海军主力集结于本土周围，以保护它与殖民地的至关重要的海上交通线。马汉担心，一旦德国的海军实力赶上并超过英国，那么德国陆军和海军相配合，将会无敌于天下，德国海军完全有可能实施远洋作战；一旦奥匈帝国有能力将自己朝思暮想的重型舰队化为现实，那么协约国与同盟国之间的均势将会被彻底打破。尤其是俄国在日俄战争中遭到惨败之后，实力大减，士气低落，信心不足，在欧洲军事平衡中会起什么作用还很难说。可见，马汉将未来可能发生的战争的胜利完全寄托在英国海军的强大上。

马汉把英国和日本的结盟看作英国在政策上的一大失误。

他认为俄国卷入远东事务对英国有好处，因为这会分散俄国的力量，使其无力对君士坦丁堡、苏伊士、波斯湾及印度采取行动。而且如果俄国和德国的利益发生冲突，对英国来说也是一件好事。但是由于英日条约的存在，日本敢于对俄国发动一场战争，结果导致了俄国的惨败。这就使得德国在欧洲的压力得以缓解，法俄同盟对德国的威胁也就减弱了。一旦陆上的负担减轻，德国将会把更多的金钱投入海军方面，这显然会相对削弱英国的海上优势，对英国大大不利。

马汉在1910年就预见到了欧洲的均衡不可避免地要被打破，就像过去曾经出现过的那样；当结盟国中某一国与敌对盟国中某一国发生冲突时，双方所有的盟国都将会被卷入战争；未来可能爆发的战争的导火索会出现在欧洲以外的地方，因为欧美国家为自己的工业产品和资本寻找出路，在亚洲、非洲和南美洲都存在尖锐的冲突。他甚至还意味深长地提到德国柏林大学历史学教授德尔布吕克曾经说过的一段话："战争常常并不发端于明确的目标而是受促于偶然的事由，而强者通常在这些事由中占据上风。"1914年6月发生的事件正是如此。当时奥匈帝国的皇储弗朗茨·斐迪南大公在波斯尼亚首府萨拉热窝被塞尔维亚民族主义分子普林西普刺杀，这一事件成为第一次世界大战的导火索。德国皇帝威廉二世把这个事件当作"千载难逢的机会"，极力怂恿奥匈帝国对塞尔维亚宣战。结果俄国、德国、法国、英国相继被卷入战争，各国占领的殖民地也被裹胁加入了战争，第一次世界大战就这样毫无征兆地爆发了。

第一次世界大战的爆发，证明了马汉关于局部战争会引起全面大战的认识是正确的。他对英国海军在未来的英德战争中将扮演极为重要的角色也具有深刻的认识。可惜的是，等到英国海军在北海严密封锁破坏了德意志帝国的经济，迫使德皇的计划濒于破产时，他已经去世两年了。客观地说，马汉在《美国在国际环境中的利益》一书中对欧洲的形势分析十分透彻，他的许多预见建立在对欧洲多年的观察和深刻洞见的基础之上。马汉对欧洲局势演变的认识甚至比当时许多资深的政治家和评论家还要深刻、准确，可惜这本书在当时并没有引起人们的注意，甚至一度滞销，这不能不说是一个遗憾。

在分析了欧洲的形势之后，马汉指出，不管美国人是否愿意，也不管他们是否喜欢，美国对外政策总是同欧洲不稳定的力量均衡联系在一起的，而远东的局势直接影响着欧洲的均势。在远东，美国一直都是门户开放原则的积极倡导者和维护者，但是必须注意的是，这一政策的保持也取决于各国实力的平衡。很显然，在马汉看来，美国在远东事务中尤其是在中国的利益并没有得到列强应有的尊重。因此，在书中，马汉提出了这样一种观点：均势是欧洲国际政治的关键所在，它的变化会直接影响欧洲对远东的政策，而这又会影响美国在太平洋地区和中国的利益。美国在中国的门户开放政策与英日联盟所起的作用有关，通过这个联盟，又与英国皇家海军在协约国与同盟国之间维持均势的作用有关。一旦欧洲爆发战争，英国和德国肯定会迅速撤回它们在远东的海上力量，而剩下美国海军与日本帝国的舰队在太平洋上对峙。他指出，"门户开放是力量均衡的另一种表示，虽然力量均衡明显地是公正的，是为了导致和平，它也清楚地意味着各国对等的机会，正如力量均衡意味着对等的独立"。到那个时候，美国和日本这两个主要的太平洋国家，也是仅有的两个濒临太平洋的海军强国，将会在太平洋地区发生对峙。

马汉认为，由于英国和德国矛盾十分尖锐，两国的海军力量主要集中在北海地区，这就使得美国的大西洋海岸相对比较安全，门罗主义也能得以顺利推行。事实上，这个时候英国和德国都不会也不敢对美国的门罗主义和门户开放政策加以破坏。但是日本则不一样。它邻近中国、朝鲜，这两个国家都积贫积弱，无力应对外部世界的挑战，很容易刺激日本的侵略野心，从日俄战争就可以清楚地看到这一点。此外，日本也同德国一样，它的人民完全从属于一个高度有效的组织起来的政府，日本社会长期存在的尚武传统也会推动日本进行对外侵略。日本和德国一样，都有"相当的逞强和扩张要求"。当欧洲发生战争时，企图在中国谋取更大利益的日本，肯定会想方设法扩充海军。因此，就算美国不想取得在太平洋地区的霸权地位，为了保护自己在远东的利益及运输线的安全考虑，也需要建设一支强大的海军力量，以防止野心日益膨胀的日本的挑战。

马汉在书中并没有提出这样的建议，即一旦英国在与德国的战争中失利，如果有必要为帮助英国摆脱困境，美国应立即参战进行干预。也许他感到，在当时的政治环境下，美国人是肯定不会赞同这种主动卷入欧洲纷争的主张的，毕竟孤立主义的影响太强大了。马汉在书中一再强调，德国海军在大西洋占优势对美国来说是一场灾难，如果英国在与德国的竞争中失败了，那么美国的利益也将大大受损。他一再提醒美国人不要忘记了美、德两国在菲律宾问题上所发生过的不愉快，如果当时德国拥有它正在筹建的强大海军，恐怕美国也没那么容易占领菲律宾。此外，美国在太平洋地区的利益也正在受到德国的挑战。相反，英国则是美国最有力的盟国，英国海军的强大对德国是一种有效的压制力量，因而英国海军是美国安全的重要组成部分。门户开放和门罗主义只是美国的国家政策，两者都不具备任何国际法的地位，要想使其得到尊重，除了拥有一支强大的美国海军以外，就只能靠英语世界的广泛合作来达成了。

游说欧洲之旅

马汉对欧洲形势的发展极为关注，除了在英美报纸杂志发表文章阐述对欧洲问题的看法外，甚至在晚年还远涉重洋，会见欧洲各国政界要人，阐述对时局的看法，以期引起人们的关注。

1912 年 11 月，马汉与家人乘船到欧洲去旅行。实际上，这次去欧洲旅行，他是怀着一种神圣的使命感到英法两国宣传自己的主张。在那里，他与后来赫赫有名的丘吉尔进行了一次长谈，当时丘吉尔已是英国海军大臣。马汉告诉丘吉尔，目前德国重工业发展十分迅速，已经为德国海军的持续发展奠定了坚实的基础。英国对此必须高度关注，而不能听之任之，否则今后一旦与德国发生严重的冲突，英国必将处于劣势。他直言不讳地指出，英国虽然号称拥有世界上最强大的海军，但事实上并没有装备足够的舰队。它将五分之四的战列舰集中于大西洋，剩下的地中海舰队不足以维护英国在重要水道的交通。与以往时代相比，英国皇家海军的规模也并不大。一旦与德国发生战争，英国与德国在北海争夺的同时，就不得不把地中海委托给法国来控制。这是一个十分准确的预测，或者说也是一个忠告。在这次会谈之后两年，也就是第一次世界大战爆发前的几个月，英国内阁果然作出了把地中海控制权让给法国的重大决策。他还向丘吉尔建议，面对患有"土地饥饿症"的德国，英国应与德国签订一项协议，诱使德国向东扩张（第二次世界大战时英法推行绥靖政策，企图将纳粹祸水东引的政策正是如此），以遏制德国发展海上力量。他指出，德国在欧洲大陆已占据支配地位，它拥有世界上最强大的陆军，经过数年的发展，海军实力仅次于英国。由于俄国在日俄战争中实力被大大消耗，因此在未来的大战中难以对德国构成有效的威胁，因此，目前只有强大的英国海军才能卡着它的脖子。马汉的这些观点透露出来后，遭到了英国不少政界人士的异议和反对，他们指责马汉过分胆小谨慎，危言耸听，另外一些人特别是海军军官则完全同意马汉的观点。

马汉与丘吉尔的会谈引起了法国著名政治家克里孟梭的注意。他特地邀请马汉到巴黎会谈一次。马汉立即赴约，前往巴黎。在会谈中，他再次预言："下次战争将是欧洲两大集团之间的战争，所有参加联盟的欧洲大国都将卷入战争。"他还非常肯定地告诉克里孟梭："意大利与奥匈帝国之间虽然有怨恨，但意大利不会实际同它开战。"因此，一旦法国与德奥集团发生冲突，它不能指望意大利能帮自己什么忙。

与克里孟梭会谈完毕，马汉就打道回国了。他觉得再也没有必要与欧洲政界的其他要人多谈了，他已经把自己所能想到的、所能预言的都说出来了。如果丘吉尔和克里孟梭相信了自己的主张，那么他们肯定会以自己的地位为自己国家的前途和命运而努力的。

对第一次世界大战的预言

一天，伦敦《每日邮报》的主编给马汉发来一份电报，要他撰写一篇对欧洲形势看法的文章。他立即动手写了一篇文章邮寄过去。但是几个月过去了，文章一直没有刊登出来，于是马汉写信前往询问。原来，当时英国自由党领袖劳合·乔治发动了一场政治运动，这位主编只好暂时把马汉的手稿锁在抽屉里。但这位主编看到了这篇文章的重要价值，等到时机成熟，也就是收到文章五个月后，终于在1914年1月4日将文章刊登了出来。在这篇文章中，马汉写道："在这个时代，正如过去的一个世纪，巴尔干仍然是一个'火药桶'。从近一年来所发生的事件看，将有过之而无不及。……欧洲两大集团之间的大战即将爆发，不会拖延得太久。"

直到这篇文章发表半年之后，人们才觉得，欧洲形势的发展确实非常符合马汉的判断。在马汉写成这篇文章将近一周年之际，也即该文发表还不到半年的时候，其中的预言就兑现了。

1914年6月24日，奥地利皇储斐迪南大公在波斯尼亚首府萨拉热窝被刺身亡。奥地利指责塞尔维亚政府是谋杀事件的策划者，向塞尔维亚发出了条件苛刻的最后通牒。一听说这个事件，马汉本能地预感到，震惊世界的大事就要发生了，他立即停下手中的其他工作，全神贯注地密切注视欧洲事态的发展。

8月3日，当得知他的住地夸格来了一帮旅游观光的记者时，他立即抓住这一机会召开了一场别开生面的新闻发布会，以"马汉上校"的个人名义发表了一篇声明。他在声明中说："奥地利的最后通牒，是蛮横无理的侵略行径。奥地利向塞尔维亚通牒的真正原因，不是它们所称的理由，而是基于更为深刻的根源。看来干涉是不可避免的。奥地利的通牒只不过是一个托词而已，发动侵略战争是早已决定了的事。只要它们找到合适的理由，它们就会毫不犹豫地向塞尔维亚开战。"他还预言:"德国将立即采取决定性的步骤,迅速集结精锐陆军部队,以锐不可当之势打击敌国。"随后,德国陆军以排山倒海之势入侵比利时和法国北部,证明了他的预言是准确的。他在声明中还指出:"如果德国成功地击败法国和俄罗斯,它在陆上将获得喘息的机会,就可以使它能够集中全部力量建设一支相当于或超过英国的海军力量。"他最后得出判断,"形势紧逼,这决定了英国将立即向德国宣战";"如果英国睁着眼睛,让德国解决了法国和俄罗斯,德国将在欧洲处于霸权地位,从而能够使它自由地创建海军去摧毁英国。德国在欧洲维持最强大的陆军的同时,将有能力维持仅次于英国的第二个强大的海军。如果德国减轻了陆军的负担,它将会超越英国的海军。所以,英国非向德国宣战不可"。

事实上,当德国支持奥国入侵塞尔维亚之前,法俄已经明确宣布支持塞尔维亚。而英国则大耍两面派手腕,一方面鼓励俄国备战,一方面假意调停,英国国王乔治五世还向德国保证要尽一切努力保持中立不卷入战争。英国的态度迷惑了许多人,很多人都以为英国不会贸然对德开战,而德国对此也深信不疑。最终的结果却是,英国以德国破坏比利时中立为借口,加入法俄集团对德宣战。马汉发表的声明没有美国官方的任何情报,也没有其他任何方面的消息来源,而是他花了几十年时间观察欧洲形势得出的必然结论。马汉所作出的这一系列预言令前来参会的记者们大为吃惊。看来,人们对爆发世界大战还缺乏足够的心理准备,谁也难以相信世界大战就这样毫无先兆地爆发了。

在这个惊世预言公开发表的第二天,也就是8月4日,宣布中立的美国官方不得已公布了欧洲战事的消息:7月28日,奥地利已向塞尔维亚宣战；8月1日，德国已向俄罗斯宣战。马汉发表个人声明的当天，即8月3日，德国向法国宣战；马汉发表个人声明的第三天，即8月5日，英国正式向德国宣战。在马汉发表个人声明的第二天，美国最畅销的纽约《世界报》刊登了"马汉上校声明"的全部内容。与此同时，《世界报》业主普利策，立即派人与马汉商谈，要求刊登马汉撰写的有关世界大战的所有评论文章。普利策在写给马汉的邀请信中说："《世界报》非常乐意发表最伟大海军理论权威的一切言论。"马汉愉快地接受了《世界报》的邀请。与此同时，马汉还答应《莱斯利周刊》和《独立报》关于定期撰写欧洲大战专栏评论的要求。8月20日，马汉在《莱斯利周刊》发表了一篇题为《目前欧洲战争中的海权》的文章。

由于美国政府始终坚持不卷入欧洲国家之间的争端，对协约国和同盟国两大集团之间爆发的大战持中立政策，当时的威尔逊总统指示海军部说，"马汉的任何文章必须由海军部进行新闻检查，经丹尼尔斯部长亲自审阅后方可发表"，所以马汉撰写的所有关于评论欧洲战事的文章在新闻检查中就被"枪毙"了，一篇也没能发表出来。马汉对此十分恼怒，他在写给一位密友的信中说："我们的总统，热衷于'中立'，禁止任何陆海军军官讲话或发表文章。幸运的是，我在总统下达新闻检查令之前，已将我准备好的第一批炮弹发射出去了。"此后，马汉的健康状况每况愈下。1914年12月，马汉与世长辞，他没能看到自己的预言最终都一一兑现。他关于英国海军将是未来战争中制胜德国的主要力量在第一次世界大战中得到了证实，而关于美国和日本将会在太平洋地区发生严重的利益冲突的预言则在第二次世界大战中得到了证实。

第7章

海军战略论

无心之作

马汉的海军战略思想是在研究海权的过程中形成，并在海军学院讲授战略课的时候逐步成熟的。卢斯一直劝说他撰写一部海军战略，作为对海军学院、海军和国家的贡献。但当时他正忙于撰写《内心的收获》和《美国在国际环境中的利益》等著作，因而对卢斯的要求几次加以拒绝。然而在卢斯的坚持下，马汉最终还是让步了。从 1908 年开始，马汉开始着手撰写《海军战略》一书。

应该说，时代给马汉提供了研究海军战略的历史机遇。从 17 世纪开始到 20 世纪初，欧洲列强为争夺海上霸权曾多次进行较大规模的海战。由于受到各方面条件的限制，当时各国都还未形成较为完整的海军战略，相对于陆战而言，海军战略思想和理论较为落后。马汉在《海军战略》中阐述的理论，是他考察了这一时期陆上的重要战役和历史上许多海战战例，并对这些战争的主要经验教训进行归纳总结之后形成的。他的理论比较符合当时海军建设和海上作战的实际，对后来世界各国的海军建设和发展起到了重要的推动作用。

《海军战略》一书共分为十五章，三十余万字，包括四个方面的内容：绪论、史例述评、基础与原理以及海军战略的运用。事实上，这部书不能算作一部新著，当时的马汉已经68岁高龄了，确实没有足够的精力同时进行几本书的写作。书的第六章至第十二章由马汉在海军学院编写的战略讲稿组成，基本上没有作过什么修改，重新编写的许多其他资料在《海权对历史的影响（1660~1783）》和《海权对法国革命与法兰西帝国的影响》中也曾经用过，只有关于日俄战争的两章用了一些新资料。另外，很重要的一点是，看来马汉并没有认真区分"海军战略"和"海军战术"这两个概念。这部书中有许多内容，不管是他所说的原理也好，还是实例也好，实际上讲的都是海军战术，或者将海军战略与海军战术混作一谈，对此应该有所辨别。但不管怎么说，该书是一部海军战略理论专著，也是世界上第一部较为系统完整的海军战略理论著作。它是马汉对自己三十多年来研究海权的一个总结，是海权论在海军建设和作战中的具体运用。该书一面世，就受到了很多学者尤其是海军军官的青睐，他们都称很喜欢这部书，这倒是马汉始料不及的，因为他自己对这部书并不十分满意。

马汉始终认为，海军战略就是对海军的建设和运用问题。海军是国家海上力量不可或缺的一部分，也是国家发展海权的必要条件，海权国家必须建立和发展一套符合本国国情的海军战略。任何一个濒海国家要想成为海洋强国，就必须首先建立海权，控制海洋，尤其是要控制有战略意义的海上交通要道，因而海军的运用就应该围绕如何保证本国控制海洋来进行。海军与陆军完全不同，陆军是"养兵千日，用兵一时"，而海军则是"养兵千日，用兵千日"。海军不仅可以应用于战时，平时也可以用来为商船队护航或者保护对本国贸易至关重要的海上交通线。因此，海军无论在平时还是战时，都需要制定自己的战略，而不能把海军战略的范围仅仅限于战时。海军战略不仅关系到国家的安全，也关系到建立、维护和发展一国的海权，对国家的发展、繁荣和富强起着重要作用。从某种程度上讲，海军战略也是国家总体战略的一部分。马汉经常建议美国普通民众，尤其是负责外交和军事的人员必须注重研究海军战略。

但是不管怎么说，海军战略理论研究对马汉而言是一个很陌生的领域。一方面是因为没有更多的资料可供借鉴，另一方面是马汉所处的时代正是帆船时代向蒸汽舰船时代过渡的时期，帆船时代的海战原则和经验能否适用于蒸汽舰船时代，这是一个未知的难题。经过长期的研究，马汉认为某些历史教训直到今天仍然具有普适性，因为许多条件是较长时期内没有发生变化的。虽然随着科技的发展，应用于海军建设的各种物质条件有所改变，作战活动也随之发生某些变化，但是作战活动所必须遵循的原则没有变。而原则反映事物的本质，尽管随着情况变化，可以有各种不同的运用，但是它们仍然是准则，是永恒的，按照准则去进行战争，必然会取得胜利。蒸汽舰船取代帆船，只能使海军作战活动的范围扩大，舰艇的速度加快，但指导海军作战的原则却无须改变。马汉始终坚信若米尼的一句名言："武器的变化只影响实践，而不影响原理。"因此，在构建海军战略理论时，马汉同样采取了一种从历史中求证的方法，希望能从海战史中寻求到不变的战略指导原则，而这些原则主要借鉴于若米尼的《战争艺术概论》。马汉给《海军战略》一书加了一个副标题，即"与陆战原则和实践的对比"。这表明马汉在阐述海军战略的运用时，特别重视将海战与陆战进行比较研究，他总结出来的不少海战原则都直接借鉴于若米尼关于陆战的论述。

海军战略的四个要素

马汉认为海军战略有四个要素：一是集中；二是中央线或中央位置；三是内线；四是海上交通线。马汉在书中反复论述这四个要素的重要性，并不厌其烦地通过战例指出，只有认真把握这些要素和原则，才能取得海战的胜利，否则就有可能遭到失败。

首先是集中原则。这是马汉在书中强调得最多的一个原则。英国著名海军将领纳尔逊有一句名言："集中兵力乃是第一需要。"马汉对此十分认同。他在书中不止一次地说过，"集中的方法是海军战略的入门"；"集中这一原则，就是海军战略的 ABC"，它贯穿于海战的各个方面，包括海军兵力部署和舰队使用等。集中是古今中外一条带有普遍规律性的原则，拿破仑在战争中之所以能取得辉煌成就，重要的一点就是善于集中兵力。

马汉所说的集中有两层意思，一是指目标和意志的集中，尤其是指国家内部或者联盟之间要有统一的目标和行动。拿破仑曾经说，目的的专一乃是获取巨大成功的秘诀。目的的专一意味着将意志集中于一个目标而舍弃其余，于是便产生思想观点和精神信念的集中、决心的集中以及现实中兵力部署的集中。马汉谆谆告诫国家领导人：做任何事情的时候，千万不要脚踩两只船，除非你的力量强大到足以双管齐下而绰绰有余。如果你想样样具备，势必会样样落空。法国著名的政治家黎塞留在指挥反对奥地利皇室的战争中，屡战受挫，原因就在于他野心太大，总是妄想同时达到多个目的，既在比利时，又在意大利，同时还想在西班牙都获得利益，结果什么目的都没有达到。

国家内部意志的统一也是一个重要的因素。英国国王查理二世和詹姆斯二世在位时都想维护国王的权威，不肯向民众让步，结果与议会相持不下，议会不拨付军事行动所需要的军费，而国王则同法国国王路易十四互相勾结，从路易十四那里获得金钱和支持，结果便造成对法国人的依赖。这个时期的英国，由于国家意志不统一，无论是对外政策还是军事政策都处于瘫痪状态，英国国力日下，法国则如日中天。联盟国家的最大弱点在于难以真正集中力量，这既有地理上的原因，最主要的还是因为它们各方都有特定的目的，在行动上往往容易各行其是，不便于集中力量共同行动。法国大革命时期，欧洲国家数次组织的反法联盟屡遭败绩，原因皆在于此。1688 年，当荷兰王子威廉三世登上英国国王宝座的时候，英荷两国实现了政治统一，各种力量和资源也得以整合、集中。凭借这种得天独厚的优势和条件，英国成功地把路易十四从权力的巅峰上拉了下来，荷兰也随之衰落，英国则走上了兴旺发达之路。

二是指力量的集中，它包括两个方面的内容。首先在兵力部署上必须集中，在任何边境线上，或在任何战略作战正面上，力量的配置都应该集中于一个部位，而不能将有限的力量分别部署在数个不同的战线上，除非所部署的力量强大到在每条战线上都能保持绝对的优势地位。日俄战争中，俄国之所以失败，就是因为它把自己的舰队分别部署于波罗的海、旅顺口和弗拉迪沃斯托克（海参崴），造成自己兵力分散，结果被日本人各个击败。

马汉在书中数次尖锐批评了美国当时有些人要求把部署在大西洋的一半美国舰队部署到太平洋的做法，指出这样做就像是两个孩子对待一个苹果一样，要将一个舰队分成两半，分别配置于两边海岸，结果只能是造成兵力部署不集中，完全符合敌人的愿望，使本就弱小的美国舰队更加瘫痪。他认为，必须坚决摒弃战略思考上的那些"如果"和"假如"，绝不能由于某些人莫名其妙的恐慌而将舰队分散部署在太平洋和大西洋上。美国的舰队必须集中在某一海域，要么是太平洋，要么是大西洋。分开配置的做法是危险的，也是要不得的。

其次，要在作战兵力的使用上集中，通过优势兵力战胜对手。他指出，要适当集中兵力来保持本国舰队的优势，除非具有绝对优势，否则一分为二只能是一种错误，它使两个部分都处于挨打的地位。当敌人的兵力分散的时候，就更有必要利用这种分散造成的弱点，毫不迟疑地摧毁它的一部分，再掉过头来对付另一部分。仍以日俄海战为例。在战争中，日本舰队的力量比波罗的海分舰队和旅顺口分舰队中的任何一支都要强大，但是两支俄国分舰队联合起来，其所形成的巨大优势则是日本舰队所不可比拟的。但是日本舰队司令官东乡看准了俄国舰队分散的弱点，集中强大的舰队首先歼灭了旅顺口分舰队。等到波罗的海分舰队来的时候，旅顺口分舰队已经不存在了。东乡又以逸待劳，一举将波罗的海分舰队加以歼灭。由此可见，即使总兵力不如对手，但只要通过运动集中相对优势兵力，对敌之一部分进行毁灭性打击，就将对海战产生决定性的影响。俄国舰队之所以遭到覆灭的命运，主要原因就在于分散配置舰队，鲁莽地违背了集中这一原理。俄国的兵力总和尽管占据优势，却始终最后以最少的兵力到达战场，从而造成海战的彻底失败。

马汉特别强调，不能机械地理解集中的含义，他自己也没有教条地坚持直接接触式的密集集中。事实上，他认为相互支援也是非常重要的。如果有必要分开配置兵力，并且每一部分都能由其他各部分减轻部分压力，这一部分同时也能为其他部分减轻负担，同时，部署在各部分的兵力能及时集中成密集队形的话，分散配置也是可以允许的。这需要根据当时的情况来决定。

"中央位置"及内线原则。这也是马汉反复强调的一个重要原则。中央位置是指位于战场中间地带，介于两个或数个敌人之间的区域。中央位置具有十分重要的战略价值，谁占据了它，谁就能利用内线作战的优势，取得控制两边或两边以上敌人的有利态势，赶在敌方展开之前实施打击或相互支援。内线的特征是中央位置向一个或更多的方向延伸，借此便可有利于在敌人的各个分散集团之间保持插入位置，继而集中力量对付其中一路，同时亦可以明显的劣势兵力牵制其另一路。中央位置和内线是两个联系十分紧密的概念，只有占据了中央位置，才能提供给军队运动的内线。没有中央位置，内线也就无从谈起。

马汉十分推崇拿破仑说的一句话"战争就是处置位置"，并将其运用于海战中，认为海战也是一种处置位置的艺术。力量加上位置，就会超过仅有力量而无位置的一方。他得出的一个著名公式就是：威力＝力量＋位置。举例说，在三十年战争中，法国在陆地上横亘于奥地利和西班牙这两个敌国之间，假如法国在海岸也配置一支相当规模的海军，那么法国舰队也横插在西班牙和意大利各港口之间。这样，法国所处的中央位置便使其具有攻防兼备的优势，攻有较近的路线可供选择，守可以很快收缩兵力集中防御，而敌方却不具备这样的有利条件。马汉进一步指出，当前的德奥集团在对抗英、法、俄协约国集团中，也拥有这样的中央位置。德、奥位于中欧平原，相对于英、法、俄而言，占据着中央位置和内线，从地理位置上看，两者又连为一体，加上铁路交通比较发达，一旦与法、俄发生冲突，两国能很快集中兵力进行内线运动，迅速击垮法、俄中的任何一方，再掉头对付另一方。

中央位置的价值不单纯在于位置本身，更重要的是体现在对它的运用上。如果不能利用中央位置，那它就可能成为一笔闲置的财产，如果使用不当，则有可能酿成灾难。不过中央位置由于其固有的威胁，总能在战争中起到牵制敌人兵力的作用，使敌人不得不减少用于进攻的兵力。日俄战争中，俄国占领的旅顺口就起到过这样的作用，它对日本和奉天（今沈阳）来说就居于中央位置，这就使日本不得不抽出一只巨大的特遣部队对其进行围困，从而大大削弱了作战的主力部队。在1877年俄土战争中，土耳其所占领的普莱夫纳（又译普列文）也曾经起到过中央位置和内线的作用，这个位置阻止俄国向君士坦丁堡进军达五个月之久。

控制海上交通线原则。马汉认为，连接各个战略据点的线就是战略线，而战略线中最重要的是涉及交通运输的那些路线，因为交通支配战争。马汉将交通线定义为军事集团、陆军部队或海军舰队赖以同国家实力保持生存联系的运动路线，它是前方军队联系国内基地和各个战略点之间的机动路线。海上交通线是舰队的生命线，能否保持稳定的交通运输，对海战胜负具有至关重要的作用。首先，舰队活动所需的军需、装备和粮食大部分都需要由本国运送，维持海上交通线的安全畅通对海军是生死攸关的大事；其次，海洋最重要的价值在于其关键的航线上，只要控制了对贸易和战争至关重要的航线或者通道，就能保证己方的贸易顺利进行，大量财富和资源就会不断涌入国内，为战争的继续进行提供雄厚的财政支持；最后，交通线还具有双重价值，因为它通常还是退却线，退却是依赖本土基地的最终表现。因此，交通线对于海战意义十分重大。在海战中必须高度重视交通线的问题，既要保护好己方的交通线，又要力争破坏敌方的交通线，使敌人不能有效地获取补给或者顺利地撤退。一句话，在海战中只要有效地控制了海上交通线，就能最终获得胜利。

马汉特别指出，海上交通线能够决定海战乃至整个战争，作为战略要素之一，它凌驾于其他要素之上。在古罗马与迦太基的第二次布匿战争期间，汉尼拔之所以最终失败，原因就在于他的陆路交通线和海上交通线都被罗马切断，缺乏援兵和补给。战争期间，西班牙曾试图通过英吉利海峡从科鲁尼亚向多佛尔海峡输送援军，结果遭到惨败。原因就是法国控制了莱茵河流域，封闭了西班牙从米兰输送援军的通道，通过日耳曼的路线又被法国的同盟国瑞典切断，于是英吉利海峡便成为西班牙至尼德兰的唯一交通线。但这是一条外线，容易被从法国赶来的援兵截击。而英国在与西班牙、荷兰和法国争夺霸权的斗争中之所以能取得胜利，就在于它牢牢地掌握了重要的海上交通线，掌握了制海权。在奥格斯堡联盟战争期间，英国国王威廉三世成功地控制了英格兰与爱尔兰之间的交通线，从而彻底剿灭了詹姆斯二世的残余势力，巩固了自己的王位，消灭了法国的这个盟友。在西班牙王位继承战争、奥地利王位继承战争、七年战争和拿破仑战争期间，英国所控制的海上交通线对赢得战争胜利都起到了重要的作用。

控制交通线有两个重要的战略要素：一是一支机动的海军，二是靠近航线的港口以作为基地供海军驻泊。其中最重要的是前者。无论是远离本土的舰队和提供补充给养的基地之间的交通线，还是维持海外殖民地与本国联系之间的交通线，都需要依靠海军舰队来维持，舍此别无他途。因此，海上交通线与海军舰队的关系是相辅相成、互为补充的。一方面，交通线的安全需要海军舰队来保护；另一方面，舰队需要的大部分军需装备和补给，乃至整个国家战争时期需要的财富和资源又是通过安全畅通的海上交通线获得的。英国正是凭借其强大的海军舰队维护其遍布世界各地的海上交通要道的。

海军有两种方法来强制保证交通线的畅通：一是清除海洋各个方向上的敌巡航舰船，从而使自己的舰船可以安全通过，这种方法需要将国家的海军力量扩散到较宽广的海域；另一种是为支援远距离作战的供应船队进行护航，这种方法一般需要把力量集中在运输船队在某段时间内航行的某一海区。

海军基地与海军舰队

马汉特别重视海军基地的作用。他在书中花了大量的篇幅来讨论海军基地的性质及其用途。如果一个国家要想控制某些重要海域，就必须在交通线上每隔一段适当的距离建立一个战略据点，这就是所谓的海军基地。当海军远离本土作战或行动时，这些基地可以用来提供淡水、粮食、武器，并且对战舰进行维修保养。尤其当战争在全世界范围内展开时，海军基地的作用就更加明显了。海军基地既是海军舰队生存的根据地，又是舰队实施海上攻击的出发地，所以它是支援海上攻势作战必不可少的依托。因此，海军基地具有进攻属性，而不能把它仅仅看作防御的。

一个地方是否可以作为海军基地使用，取决于三个方面的因素。一是它的位置。马汉也称之为态势。态势的价值取决于其接近海上航道的程度，取决于其接近贸易航线的程度。假如一处位置同时位于两条航道之上，或者接近于它们的交叉点，那么这个位置的价值就会增大，如果限于地形，通道很窄，则其价值就会更大。比如直布罗陀海峡，它是地中海进出大西洋的唯一通道，因此英国对它志在必得并竭力长期占据。与此相似的还有英吉利海峡和佛罗里达海峡，以及苏伊士运河和巴拿马运河等。马汉认为加勒比海控制着作为大西洋和太平洋联系纽带的中美洲地峡，是一个重要的战略关键区，对维护美国的利益至关重要。美国要掌握太平洋和大西洋的海权，必须首先取得对加勒比海的控制权，将加勒比海变成自己的内湖。而古巴和牙买加则是控制加勒比海的战略要冲，它们可以控制进出加勒比海和墨西哥湾的尤卡坦海峡、向风海峡和莫纳海峡等海上通道。因此马汉极力鼓吹美国应该尽快控制上述地区。

二是它的军事力量。包括攻势力量和守势力量。如果一个地方有适宜的位置，也有很好的资源，但是却缺乏军事力量而不坚固，那么就需要加强其防御力量和攻击力量。海港的防御包括两个方面，即防御来自海上或者陆上的攻击，主要防御手段是使用鱼雷艇和潜艇。但是，海军不能只限于防守港口，而应该将其应用于进攻。海港的攻势力量存在于三项能力之中，即能够集结一支既有战舰又有运输舰的强大兵力，能够将这支兵力安全而顺利地投送到远方，能够给这支兵力提供源源不断的支援和补充直至战争结束。简单地说，就是它的攻势力量体现在集结、投送和保障三个方面。

三是它的资源。包括它本身的资源及其附近可供利用的资源。一般而言，基地周围的区域越小，资源越少，其力量也就越弱。因此，在其他条件相同的情况下，大岛的战略价值要大于小岛。如直布罗陀、马耳他和梅诺卡岛等地攻守兼宜，位置极好，但它们天然资源都比较缺乏。因此，控制该地后首先就要对其进行人工改造，以弥补先天的不足，使之更适合海军的进攻和防御。在各种资源中，干船坞是最重要的，因为它们建造需时最长，而且便于进行各种舰船维修以保持舰队的战斗力。

在以上三个基本条件中，态势最重要，是必不可少的，因为力量和资源都可以用人力予以补充，但一个港口是否位于战略位置上，则是天然的，也是人力无法改变的。

在书中，马汉还辩证地阐明了海军基地与海军舰队的关系。他认为海军是广阔战场上的野战军，而基地、要塞则是舰队的根据地。舰队不应该用于防御，而应该用于进攻，它是海上进攻的主力军，基地、要塞则是这支主力军赖以依托和获得支援的可靠后方，因而基地也是海上进攻力量的重要组成部分。要想控制遥远海外的属地，就必须用强大的海上力量控制一些关键位置，包括具有重要战略意义和军事价值的岛屿、港口和殖民地。以此为依托，就可以向外出击，控制任何对自己有重要价值的航线或海域。

在过去的几百年时间里，英国就是这样做的。它采取将其海上力量获得的领地与他的海上力量相结合的方针，取得了马耳他、直布罗陀、塞浦路斯、埃及、梅卡诺岛等地，还有美国独立前的纽约、纳拉甘西特湾、波士顿等地，以及西印度群岛中的巴巴多斯、圣卢西亚、安提瓜岛和印度的亭可马里、孟买等地。总之，无论是大西洋、地中海、印度洋还是加勒比海，凡是有战略价值的地域，都有英国的基地或者要塞。正是遍布世界各地的海军基地，使得英国海军在世界各地都有了可靠的立足之地，能获取军事行动所需的各种补给，能及时维修战舰，能随时攻击并占领对己有利的据点，威胁敌方的航线和交通要冲，为英国赢得战争打下了坚实的基础。

既然基地（或要塞）和海军舰队都有如此重要的作用，那么，究竟是基地重要还是舰队重要呢？当时存在两种截然对立的观点和理论。一种观点被称为"要塞舰队"理论。该理论认为，舰队只是基地、要塞的辅助力量，除协助基地、要塞进行防御作战外没有其他任何意义。这种理论的支持者主要是俄国人，在其他国家的军事思想中也有所表现。另一种观点被称为"存在舰队"理论。该理论认为，海军是国家命运之所在，应独立于其他因素之外，基地、要塞只是暂时为舰队提供燃料、修理或休息的设施，除此之外别无价值。这种观点的支持者主要是英国人，后来又被英国绿水学派所继承。

马汉在许多场合都曾激烈抨击过这两种观点。他认为，"要塞舰队"论和"存在舰队"论的这两大理论是各走极端、相互对立的。可以说，它们代表着两极化的海军思想或军事思想。一个将全部重点都放在要塞上，使舰队成为要塞的附庸，除协助要塞之外别无存在理由；另一个则完全抛弃要塞，将要塞视为只是供舰队进行加煤、修理和人员休整的临时庇护所；一个是单独依靠设防工事对国家海岸线进行防御；另一个则是独自依靠舰队进行实际防御。在上述两种观点中，舰队和基地这两者之间的配合都以褒此贬彼为特征，因而是互相排斥的。

在批评"要塞舰队"理论的时候，马汉指出，俄国人把舰队视为服务于要塞防御的力量，是要塞附属品的观点，从根本上违背了他关于"海军舰队的真正目标乃是敌方海军舰队"的论断，因而是十分错误的。他指出，俄国在军事上毫无进取心可言，对于单纯防御已经偏爱到了麻木不仁的地步，没有把进攻作为国家和政府的决策，没有将舰队用于进攻目的，而是以舰队支援要塞进行防御，这种等待攻击而不是进行攻击的行为是极其愚蠢的，将导致毁灭性的后果。正确的做法应该是海军舰队避开要塞防御的正面，直接攻击敌方的海军舰队。如果己方兵力足够强大，歼灭了敌人的舰队，那么要塞之围自然就解了，就算不能歼灭敌方舰队，至少也可以将其逐出海岸线，缓解敌方围攻要塞的危险。总而言之，不能将海军舰队看作要塞的附庸，只有把舰队用于海上积极的作战行动，才能有效地支援海岸防御。1799 年法国和西班牙结成联盟反对英国时，其联合舰队曾三次出现在英吉利海峡。由于当时西班牙的主要目的是收复直布罗陀，为此，法国和西班牙从海上和陆上投入了巨大的力量去进攻直布罗陀。结果不仅直布罗陀久攻不下，还白白丧失了以强大的联合舰队进攻英国舰队的机会。英国的海军力量得以保存，法国和西班牙联军则实力大损。

对于"存在舰队"理论和英国绿水学派提出的海军只需舰队就行，基地、要塞只是为舰队提供暂时补给、休息的场所，在战略上无足轻重的观点，马汉也进行了批驳。他认为，海军的作战方式是攻势的，其职能则是防守的，而海岸要塞的作战方式是守势的，其职能却是攻势的。无论是海岸要塞还是内陆要塞，都要靠保持在其壁垒后面的攻势力量进行防御，海岸要塞则主要是以其所隐蔽的舰队来保卫其所属的国家。海军基地作为海上进攻力量的重要组成部分，其作用是不能忽视的，尤其是在世界性的战争中，海军基地对保持远方舰队的持续攻击能力更是必不可少的。即使对于像英国这样拥有世界上最强大的海军力量的国家而言，也必须拥有数目可观的海岸要塞，因为海军并不能控制所有地方。英国海军可以保护不列颠群岛的安全，但在其他海域，就必须需要像直布罗陀、马耳他等等类似的位置，否则英国海军就难以控制如此众多的海外殖民地，也无法在争夺世界霸权的斗争中立于不败之地。一旦重要的海岸要塞被攻破，海军舰队的行动势必会暴露在敌人的进攻之下，因此，失去一处最好的港口便是一场很大的灾难。马汉由此强烈建议，美国必须在大西洋和太平洋两岸建立最为安全的海军要塞，尤其是太平洋方面在构成海权诸要素方面比较薄弱，因此特别需要加强。只有建设了坚固的海岸要塞，美国舰队才能满怀信心地在世界范围内进行活动。

海战的攻防性质之辩

在书中，马汉还阐明了海战的攻防性质。马汉一再强调，海军最主要的作用在于进攻。在海战中，不论是进攻性的还是防御性的行动，舰队总会以攻击行动去达到战役目的。即使在保护海上交通线或对运输舰队担任直接掩护的行动中，舰队仍应以驱逐敌方舰队远离交通线，或采取进攻战斗以攻击企图攻击己方运输船队的敌方舰队为主。所以，海上攻击是海军舰队在攻防战役中的基本作战方式。在海战中，由于无地形可以利用，再加上舰队机动性强，这就决定了进攻是强有效的作战方式，只有进攻而不是防御才能掌握制海权。如果舰队只能接受战斗而不会挑起战斗，这样开始的战斗只能以失败告终。马汉进一步指出，一个国家即便是处于防御态势，也应实行积极防御和攻势防御，只有这样，才能以进攻的手段达到防御的目的。如果将海军保持在港内实施消极防御，那就是将海军同海外的交通联系放弃给敌人，只能对自己更不利。

海战的作战方向决定于敌方的舰队和海军基地的位置，即要着眼于消灭敌人的舰队。占据要地之后不应停止作战，而应该对敌方舰队实施追击并力求予以歼灭。作战目标不应该是地理上的点，而是敌人有组织的兵力。像直布罗陀、梅诺卡岛等港口之所以重要，不仅仅因为其所处位置重要，更主要的是因为那里有大量训练有素的部队，而且敌方的舰队能利用这种有利位置在不同的方向上发起攻击。因此，歼灭敌方舰队，歼灭敌之有生力量，乃是海战的首要目的和第一原则。

法国海军在与英国海军的屡次对抗中总是落败，固然与法国坚持错误的大陆扩张政策有关，也与法国海军自身长期以来形成的防御式作战思想密切相关。马汉调侃地说道，法国人喜欢通过节俭积累财富而不愿冒险投资的特性看来已深深地渗透到了海军建设和作战之中。他们担心保持舰队需要很大的开支，因此要求海军谨慎言战，即使进行战斗，也要将努力减少舰船的损失放在首位，因为舰船有了损耗就需要加以补充。这种既想维持海军进而取得海战胜利，又想节省钱财不愿付出代价的自我矛盾，导致了在与敌交战时，法国海军只能被动地接受敌人的进攻，而不是去进攻敌人，在作战活动中，不是给敌人以致命的打击，而是为了保存自己的舰船。经受多次海战失败教训的法国人自己也承认，这种防御式作战方式预示着必然的失败和毁灭，但它早已成为法国人的习性而难以改变。离港去执行任务的分舰队总是有意避开敌人，只是在迫不得已的情况下才将战舰投入战斗。他们屈服于敌人，而不是迫使敌人就范。实践证明，在这种消极防御作战思想的指导下，法国海军屡战屡败，不仅几次把法国辛辛苦苦建立起来的舰队消耗殆尽，而且使法国政府和法国人民失去了发展海军的信心，法国始终也走不出大陆政策的陷阱。

在书中，马汉还探讨了当时比较盛行的贸易破坏战（又称"巡航战"）理论。这种理论认为，在海战中，只要袭击敌人的商船队，对敌人的贸易航线进行破坏，就能达到击垮敌人的作战目的。马汉指出，这种理论根本就站不住脚。贸易破坏战对敌人造成的损失只不过是轻伤，而不是致命打击，它令人伤透脑筋，但后果并不十分严重。如果敌国的实力足够强大，贸易破坏战所造成的破坏根本不足以将其拖垮，而且进行巡航战的地域和范围都十分有限，一旦离自己栖息的港口太远，它便无法实施行动。从实战经验来看，法国曾经对英国实施过较大规模的巡航战，甚至一度令英国商船队谈法色变；美国在独立战争期间也对英国进行过巡航战，给英国船队造成较大的损失，但它们最终都没有达到目的。事实证明，要在海战中战胜对手，唯一可行的方法就是实施舰队决战，运用强大的海军舰队歼灭敌人的海军舰队，唯有如此，才能确保战争的最终胜利。

海军战略论的影响及其缺陷

马汉的《海军战略》主要影响体现在两个方面：一是确立了以"海权论"为中心的海军战略。海权论是马汉构建其理论体系的核心，而海军战略就是以"海权论"为中心的战略。海军战略的根本目的在于夺取制海权，控制海上交通要道，进而控制全球。他早已指明对海洋的控制决定着濒海国家的兴衰，一国的海军优势对战争的全局起着决定性的影响作用，只有建设强大的海军，获得制海权，才能在未来的争夺中占据优势。马汉以海权论为中心的海军战略思想深刻影响了美国海军的建设和发展，对美国历史的发展也影响极大。马汉的密友、海权论的忠实信奉者西奥多·罗斯福在任美国总统期间，大力推行马汉的海军战略思想，使美国海军的实力跃居世界第二位，仅次于英国海军。其他列强英、法、德、日、俄等国也十分推崇马汉的海军战略思想，并以此指导本国的海军建设。

二是提出了海军战略的许多基础性原理。例如，他反复强调制海权的重要意义；强调集中兵力作战，避免两线作战和分散兵力；提出中央位置和内线原则；认为海上交通线是最重要的战略线，是战争的命脉；等等。尤其是马汉在书中一再强调海军舰队是海上的野战军，机动性和攻击性是其力量之所在，主张建立优势的、能够在海上积极进行攻势行动的机动作战舰队等观点，对许多国家的海军作战思想产生了深远的影响。他反对走向两种极端的"要塞舰队"和"存在舰队"理论，较好地处理了舰队和要塞之间的关系，对后来海军舰队的作战行动都起到了有益的指导作用。

当然，《海军战略》一书的缺陷也是明显的。马汉否认武器装备技术的变化对作战理论有重要的推动作用。他声称，"我更加坚信若米尼的名言：武器的变化只影响实践，而不影响原理"，并认为"原则是永恒的"。事实上，马汉不赞成建造战列舰，对新出现的潜艇也很轻视，认为潜艇不会成为"实用要素"。但后来海战的实践证明马汉关于潜艇的观点完全是错误的，潜艇在海战中大露锋芒，成为一支重要力量。直到现在，潜艇的作战威力也是不可小觑的，受到许多国家的重视。

书中所阐述的不少观念现在已有了新的发展和变化。马汉所处的时代，海洋观念主要是把海洋看作资本主义商品输出和掠夺殖民地的海上通道，含义较窄。而当代的海洋观念已经有了更为宽泛和丰富的含义，海洋国土、海洋权益、海洋资源、海洋安全等新时代的海洋观念，已完全取代了旧的海洋观念。此外，马汉所确立的海上作战原则大都来自对帆船时代海战的经验总结，科技的发展以及新技术、新装备的大量运用，已使一些适合当时海战的若干原则不再适用。比如，马汉主张在任何时候对任何敌人都要密集集中兵力的原则，在武器杀伤性能不断增大、远程精确打击武器不断发展的今天，显然不合时宜。

第8章

海权论的启示

对马汉海权论的评价

马汉的海权论是一个内容完整的理论体系。他第一次系统地论述了海权的性质、地位和意义，海权对国家兴衰和世界历史进程所产生的巨大影响，以及海权产生、发展的三个环节和六大要素。他试图从理论上向世人证明一个运行了数百年的道理：任何一个海洋国家要想保持长久的繁荣富强，就必须建立和发展一支强大的海军舰队，以夺取和保持重要的海上通道和海外殖民地，保障对外贸易顺利进行。为此，西方有人甚至将马汉的"海权论"与哥白尼的"日心说"相比。这一理论反映了当时帝国主义国家争夺殖民地的客观需要，因而在第一次世界大战之前极为盛行。当时主要的帝国主义国家英、法、德、美、日竞相追捧马汉的理论，不惜血本大力发展海军，由此引发了旷日持久的海军军备竞赛。在马汉的影响和极力劝说下，美国政府大力发展海军，夺取菲律宾和关岛，加强对夏威夷群岛和加勒比海的控制，凿建沟通大西洋与太平洋的巴拿马运河，为美国以后的崛起和利益拓展创造了重要条件。直到今天，控制海洋，尤其是控制具有重要战略意义的海上通道，如英吉利海峡、直布罗陀海峡、霍尔木兹海峡、马六甲海峡、台湾海峡、白令海峡等，仍然受到西方海上大国的重视。

人们的海权观念也在不断发生变化。马汉所处的时代，由于科学技术发展水平有限，人类所能掌握的交通方式只有陆路交通和海路交通，而海路交通则是人类唯一的远洋交通方式，所以只要控制了海上交通线，就能对别的国家施加有效的影响。在那个时代，人们主要是把海洋作为一种交通的媒介，海洋在对外交流中起到桥梁的作用，其本身并不能为国家财富的增值带来什么影响。随着时代的发展进步和科技水平的提高，人类发现海洋蕴藏着极为丰富的资源，能为社会的发展提供所需的能源、矿产，直接影响到一国未来的生存与发展。因此，控制海洋不仅要控制海洋交通，更重要的是要控制和争夺海洋本身，即海洋中所拥有的丰富资源。近年来，各濒海国家围绕岛屿主权、海域划界、海洋权益、海洋资源开发等问题的冲突日趋激烈，反映了人类对海洋的争夺已经达到了前所未有的程度。但是，不管是控制海洋交通，还是控制海洋本身，马汉关于夺取海权对国家发展具有重要影响的思想，以及从国家战略的高度研究海洋、海军地位与作用的方法，至今仍在影响着世界。

马汉自小就对海军情有独钟，因而他的书中处处表现着对强大海军的神往与渴求。当时，海军在美国还不是一个独立军种，无论是在理论上还是在实践中，海军都只能从属和配合陆军部队的作战行动。但是，马汉经过研究和观察认为，海军是国家海上力量的重要组成部分，不仅战时能对战争的进程和胜负起决定性作用，而且平时还能为国家的海外贸易提供护航，为国家的繁荣强盛服务。因此，海军及海军战略应纳入国家战略范畴，在国家生活中发挥重要的影响和作用。应该说，马汉对海军的定位及其作用的认识，是他的同时代人所未曾达到的。事实上，当时许多国家，包括美国都认为海军耗资巨大，作用有限，没有必要去建设一支强大的海军。

马汉在巡航欧亚的过程中提出，当今世界信奉的是弱肉强食的丛林法则，国家若想生存和发展，就必须壮大自己的实力。他主张美国应坚决摒弃孤立主义思想，建设一支具有进攻能力的强大海军，首先控制加勒比海和中美洲地峡，进而向太平洋和大西洋扩张。在麦金莱和西奥多·罗斯福任美国总统期间，美国开始逐渐接受海权论，并按照马汉的建议大力发展海军，更加积极地对外扩张。1898年，美国发动美西战争。在不到四个月的时间里，美国海军就彻底打垮了西班牙海军，控制了加勒比海，并占领了菲律宾、关岛、波多黎各和夏威夷等重要战略要地，从而获得了向亚洲扩张的跳板。美西战争是美国走向扩张之路的第一场战争，它也是按照马汉的思想所进行的一场战争。从此以后，马汉的海军战略思想便一直成为美国海军战略的基本指导思想。

从美国发展的历史可以看出，近代列强中起初最忽视海军建设的是美国，最后把海军建设得最有成效的也是美国。而美国之所以能够强大，之所以在与其他老牌资本主义国家竞争中能立于不败之地，重视海洋、建设强大的海军不能不说是一个重要原因。直到今天，美国的海军仍然是世界上最强大的，它的舰船游弋在世界的各个海洋上。这些，从某种意义上讲，都得益于马汉的海权思想及其实践。

毫无疑问，马汉的海权论有着深刻的政治和历史局限性。海权对近代大国崛起产生过重要影响，但绝非唯一的条件。社会的生产方式、政治制度、自然地理和文化传统等，都可以在一定条件下决定大国的兴衰成败。历史过程表现为一切重要因素间的交互作用，而决定性因素归根到底是现实生活的生产和再生产。近代西方海权发展的最根本的动力，应当从资本的生产与扩张中去寻找。

中国历史上的海洋活动

中国既是一个大陆国家，也是一个海洋大国，有着漫长的海岸线，海洋与中华民族生存与发展的历史息息相关。中国也曾经是世界上最早开发与利用海洋的国家之一，船尾舵、水密舱和航海指南针都是中国对人类航海事业的重大贡献，火炮装备兵船也创始于中国。中国历史上出现过许多强大的王朝，也组建过不少能征善战的水师，发明过许多重要的航海设备，甚至还组织了世界上最早的远航。

早在夏、商、西周时，中国就开始了较大规模的航海活动，不但中国沿海地区内部互相往来，而且与日本列岛、朝鲜半岛和中南半岛也有交往。汉朝的时候，中国就拥有居世界首位的造船业，能造出高大雄壮的"楼船"和轻捷快速的战船。汉武帝曾经建立了一支强大的水师，有战船二千艘，兵力二十余万。他就是依靠这支水师打败了闽越国，使中国东南沿海归于华夏版图，又征服了朝鲜，使渤海与黄海的航路畅通。三国时期的吴国拥有风帆战船五千余艘，这比西欧要早七八个世纪。吴国还建造了世界上最早的船坞，派遣使臣远赴东南亚，并于公元 320 年派卫温将军率万人船队到了台湾。

唐宋时期，指南针被应用于航海，使得中国的航海业更加发达。当时的中国船舶工艺技术先进，结构坚固，载重量大，无论是造船技术还是远洋航行技术，都遥遥领先于世界其他各国。"海上丝绸之路"兴旺发达，中国的远洋足迹到达了阿拉伯海和波斯湾，最远到了红海与东非海岸，开辟了当时世界上最远的航线。唐朝还组建了强大的水师数次越海东征高丽，先后击败了百济和日本。

宋、元时期，中国的航海事业进入全盛期，航海技术取得了突破性进展，发明了罗盘导航、天文定位与航迹推算法，这是世界上最早的定量航海技术。元朝还建立了一支较大规模的海上远征军，以进攻日本、安南（今越南）和爪哇等地。元朝的海外征战是中国历史上规模最大、次数最多的。

明朝初期的造船业十分发达，而且制造技术和生产量都居于当时世界各国的前列。明成祖朱棣在位时期，先后七次派遣郑和率当时世界上最大最先进的船队出使南海、西洋各国，最远到达西非和东非，途经三十余国，比哥伦布探索新大陆还早了近一个世纪。这是世界航海史上的伟大壮举，令世界赞叹不已，成为中华民族的骄傲。出使西洋使郑和认识到海洋的重要性，他曾向明仁宗进言："欲国家富强，不可置海洋于不顾。财富取之于海，危险亦来自于海上"；"一旦他国之君夺得南洋，华夏危矣"。从历史的观点来看，郑和的话可谓极有预见性，也带有一定的预警性，西方列强的侵略来自于海上，而中国的衰败也是从海上开始的。可惜郑和的这些思想没有引起当时统治者的重视。到了明末和清朝时期，由于种种原因，中国的统治者在大多数时间里都实行"禁海闭关"政策，自动断绝了与外界的经贸往来，放弃了通过海洋走向富国强兵的道路。

自鸦片战争以后，面对西方列强的坚船利炮，已远远落后于世界发展水平的中国只有一次又一次地签订丧权辱国的条约，以求苟延残喘。近代洋务运动期间，清朝在"师夷长技以制夷""中学为体、西学为用"思想的指导下，建立了中国历史上第一支近代化的海军力量——北洋海军。但由于受清朝腐败的政治体制、消极的海防思想、错误的海军战略的影响，北洋海军在甲午海战中被日军打得大败，全军覆没，而中国也错失了崛起的重要历史机遇。从那以后，一直到新中国诞生之前，中国再也没有能够建立一支像样的海军。

发展海权是中国的必然选择

当今世界，海洋越来越为各国所重视，走向海洋已成为世界潮流。1982 年通过的《联合国海洋法公约》，在一定程度上规范了世界海洋秩序。但这种秩序只是相对的，由于各国争相划定管辖区域，全世界有数百处海域划界存在纠纷，现代的"蓝色圈地"运动越来越复杂，围绕国家主权和海洋权益的斗争此起彼伏。由于受到历史上形成的强大陆权观念的影响，我们的海洋意识和海权观念比较淡薄，加之海军力量长期以来比较弱小，致使中国领海主权和海洋权益近年来不断遭到侵犯，祖国统一大业也受到严重干扰。中国有一万八千千米的大陆海岸线、一万四千多千米的岛屿岸线，面积在五百平方米以上的海岛六千九百多个。按照《联合国海洋法》的规定，中国还对广阔的大陆架和专属经济区行使主权权利和管辖权，拥有三百多万平方千米的管辖海域。因此，提高全民族的海洋意识，树立中国特色的海权观念，深刻认识发展海权的重要战略意义，建设一支强大的人民海军，事关国家安全和发展的大局。

发展海权是维护国家主权、安全和海洋权益的现实需要。21世纪中国的和平发展能否得到保障，很大程度上依赖于海洋方向的安全。首先是台湾问题。台湾是中国大陆通向大洋的战略要冲，对发展海洋经济、维护海上安全至关重要。如果台湾分裂出去，则中国通向太平洋的大门就会被关闭。其次是海洋权益问题。中国与周边国家存在海洋权益的争端，争议海域约一百五十万平方千米。一些海域的海洋权益之争，对中国海洋资源的合理保护、开发和利用造成严重影响，并事关中国领土主权安全。再次是海上强权威胁中国海洋发展空间。一些海上强国强化在西太平洋的军事存在，依托岛链构筑防线，企图长期将中国遏困于第一岛链之内。此外，海上恐怖主义、跨国犯罪等非传统海上安全问题也对中国维护海上安全问题提出新挑战。

发展海权是保持中国经济持续快速发展的客观要求。在中国管辖的海域内，海洋资源丰富，开发潜力巨大。据估计，中国海域内海洋石油资源约二百五十亿吨，天然气资源约八万四千亿立方米。发展海洋经济，开发和利用海洋资源，将成为中国经济可持续发展的必由之路。随着中国经济的迅速发展和不断融入全球经济体系，国家的经济利益正在向海上方向发展和延伸。海上对外贸易通道特别是能源运输通道，已经成为中国经济发展的重要命脉，是中国与世界联系和交往的纽带。据统计，目前中国外贸出口货物的80%以上、石油和铁矿石等战略物资进口的90%以上是由海上运输完成的。中国的海外利益也正在迅速拓展，保持正常的对外经济交往和联系，维护能源、资源供应和运输通道的安全，保护中国公民和法人的海外利益、海外侨胞的正当权益等，对国家的可持续发展具有重要意义。

走中国特色的海权之路

近代西方海权思想的核心是强调对海洋的控制，发展强大的海军和商船队，以及建立广大的海外殖民地和控制重要的海上通道。他们信奉的教条就是：只要控制了海洋，就能成为世界强国。为此，欧美各国展开了激烈的争夺和较量，直至两次世界大战爆发。在民族国家仍然是国际关系主体、地缘政治仍然发挥重要作用的今天，马汉的海权论仍有其现实意义。但是，随着经济全球化和科学技术的高速发展，维护和拓展海权的手段与方式都在发生重大变化，海权思想必然随之更新和发展。事实上，在各类军事力量飞速发展的今天，没有制空权、制天权、制信息权，制海权就难以获得，而单一的海上军事力量也难以满足取得制海权的需要。海上军事力量只有与政治、经济、外交等手段结合起来才能发挥最大的效用，这与马汉所处的时代截然不同。此外，在和平与发展已成为时代主题的前提下，以非零和方式取代零和方式、以非战争手段取代战争手段解决海洋权益争端，也是现代海权发展的一种重要趋势。

中国的历史和现实决定了它不可能走西方传统的海权道路，而必须确立中国特色的海权观。中国特色的海权，应该包括对海洋主权空间的控制和管辖能力，以及对海洋利益空间的合法有效的影响力。它包含三个特性：一是海权目的和范围的有限性。中国海权是在国家主权和联合国海洋法确定的海洋权利范围之内的有限海权，不以排他性的控制海上通道和武力争夺海上资源为目的，而以维护合法海洋空间中的国家利益为目的。海上军事力量的发展，遵循自卫性、防御性和有限性的原则。二是海权内容的多样性。中国海权与国家的安全利益和发展利益相一致，包括海洋国土安全、平时和战时的海上交通线安全、海上非传统安全、海洋资源的保护和开发利用、国家重要海外利益安全等。三是维护和发展海权手段的综合性。中国维护海权的手段，既包括军事手段，也包括政治、经济、外交、文化等非军事手段；既包括海上军事力量，也包括以经济为主体的海上非军事力量。海上军事力量是国家维护海权的基本手段。中国在以和平方式使用海上力量维护海权的同时，不排除必要时使用海上军事力量的可能性。

发展中国特色的海权，首先就要坚持以合作互惠的方式维护和发展海权。全球化时代，各国的海洋空间和海洋权益相互交织。中国海权力量和手段有限，特别是缺乏远海制海权，面对维护海洋空间权益的复杂局面和艰巨任务，必须着眼营造良好的国际海洋环境，加强合作，谋求共赢，以最经济、最有效、最持久的方法维护和发展海权。中国与各国之间存在广泛的海上合作领域，包括海上反恐、打击海盗、海上救援、科学考察、联合军事演习等。要依据国际法和公认的国际准则，处理好与周边各国的海洋权益关系。有利益的交叉和融合，就存在利益冲突和争端的可能性。由于历史和现实的原因，中国与许多邻国存在错综复杂的海上权益纷争。各种纷争往往涉及多方利益，受多种条件限制。解决这种纷争的最现实和有效策略应当是，在坚决维护国家主权和权益的前提下，考虑海洋空间和权益的特殊性，寻求矛盾各方的共同利益，按照"搁置争议，共同开发"的原则，通过对话、协商和谈判的方式解决海上权益争议。为此，应加强海上综合力量建设，建立和完善危机管理机制，控制可能诱发海上武装冲突的各种不稳定因素，缓解可能出现的紧张局势，防止危机升级。

发展中国特色的海权，一定要发展足够强大的海军力量。海军是维护和实现国家海上利益的主要战略力量，担负着保卫国家海上方向安全、维护领海主权和海洋权益的任务。海军要为实现国家的宏伟发展目标提供有效的海上安全保障和有力的战略支撑。为满足国家利益发展需求，适应未来战争需要，中国海上军事力量必须按照精干、顶用的原则进行全面建设。这支海军必须实现由近岸防御向近海防御的转变，能够在近海主要作战方向上一定的时期内夺取并保持局部制海权，具有在近海进行海上战役的综合作战能力和核反击能力。目前，中国海军的规模和作战能力与未来打赢信息化条件下海上局部战争和中国成为海洋大国的要求还不相适应。海军应在近海积极防御战略的指导下，着重优化兵力结构，加快更新海军武器装备，提高武器装备的信息化水平和远程精确打击能力。中国在发展海军的同时，还要兼顾其他海上力量的发展，以形成以海军为主的综合海权力量。这支力量应该包括：一支现代化的强大海军，一支以大型远洋运输船为骨干的强大商船队，一支有组织的强大渔船队，一支强大的海上科学考察、海洋资源勘察开发力量，一支执行海上执法、缉私和监察队伍，一个完善的海上基础设施体系。

中国没有追求海上霸权的历史传统，也不具备海上扩张的军事实力。中国坚持走和平发展的道路，不称霸，不搞扩张，这就决定了中国发展海上军事力量是为了维护国家统一、领土完整和国家利益，不会对他国构成威胁。中国一定能够走出一条完全不同于西方的具有中国特色的海权之路，为维护国家安全、维护世界和平与促进共同发展作出更大的贡献。

附 录

年 谱

1840年 9月27日，出生于美国纽约市。

1856年 9月30日，成为安纳波利斯海军学院学员。

1859年 6月，毕业于安纳波利斯海军学院，并在"国会"号护卫舰上
服役。

1860年 12月，美国南北战争爆发，参加北方联邦海军。

1861年 8月，晋升中尉军衔，并调到"詹姆斯·艾杰"号任职。11月7
日，被派到"波卡洪特斯"号军舰参加罗亚尔港战斗。

1862年 9月，被召回海军学院任教。

1863年 10月，晋升海军上尉军衔，调到海岸炮舰"塞米诺尔"号任职。

1864年 2月，调到"詹姆斯·艾杰"号上任副舰长。

1865年 7月，晋升海军少校，调到"姆斯库塔"号上任副舰长。

1866年 12月，调到"易洛魁"号上任副舰长，赴远东巡航。

1871年 调到"伍斯特"号上任职。9月，父亲丹尼斯教授投河自尽。

1872年 6月，与埃伦喜结连理。11月，晋升中校军衔，调到"黄蜂"
号任舰长。

1875年 9月，调到波士顿海军造船厂任职。

1877年 9月，被任命为海军学院军械系主任。

1880年 7月，调到纽约海军造船厂任职。

1883年 8月，调到"沃诺塞特"号任舰长。

1885年 9月，晋升为海军上校，调到海军军事学院，1886年任该院
院长。

1890 年　5 月,《海权对历史的影响（1660~1783）》一书在美国首次出版。

1893 年　3 月,母亲海伦娜女士去世。5 月,就任"芝加哥"号舰长,并于 6 月开始巡航欧洲,受到欧洲各国超规格接待。

1894 年　6 月,先后被剑桥大学和牛津大学授予荣誉法学博士学位和荣誉民法学博士学位。

1896 年　12 月,退出海军现役。

1898 年　5 月,在海军战争委员会任职。

1899 年　5 月,作为美国代表团成员出席海牙国际和平会议。

1902 年　被选为美国历史学会主席。

1906 年　12 月,晋升海军少将军衔。

1914 年　1 月,出任卡耐基协会客座研究员。

1914 年　12 月,与世长辞。

主要著作

1. 1879 年《海军官兵教育》,载于美国海军研究所《资料汇编》第 5 卷第 345~376 页。

2. 1883 年《墨西哥湾和内陆水域》,纽约,查尔斯·斯克里布纳之子出版公司。

3. 1890 年《海权对历史的影响（1660~1783）》,波士顿,利特尔与布朗出版公司。

4. 1892《海权对法国革命和法兰西帝国的影响（1793~1812）》,共两卷。波士顿,利特尔与布朗出版公司。

5.《法拉格特海军上将》,纽约,D·阿普尔顿出版公司。

6.《海军战略中的封锁》,载于《皇家联军学会杂志》第 39 卷,第 1057~1069 页。美国海军研究所《资料汇编》第 21 卷,第 851~866 页。

7.《纳尔逊传——大不列颠海权的体现》（两卷）,波士顿,利特尔与布朗出版公司。

8. 《现在与未来——美国对海权的利害关系》，波士顿，利特尔与布朗出版公司。

9. 《皇家海军的主要战例（1762~1783）》，收入威廉·L·克洛斯著《皇家海军史》第3卷，第353~565页。伦敦，桑普森·洛-马斯顿出版公司。

10. 《美西战争的教训及其他》，波士顿，利特尔与布朗出版公司。

11. 《南非战争的经过（1899~1900）》，伦敦，桑普森·洛-马斯顿出版公司。

12. 《南非的战争》，纽约，P·F·科利尔父子出版公司。

13. 《亚洲问题及其对国际政策的影响》，波士顿，利特尔与布朗出版公司。

14. 《回顾与展望——对国际海军关系和政治关系的研究》，波士顿，利特尔与布朗出版公司。

15. 《历史学研究中的类举法》（后更名为《历史的写作》），载于《大西洋月刊》第91卷，第289~298页。1908年收入《海军行政管理与战争》。这是美国历史协会1902届年会的主席发言，编入该年的年度报告。

16. 《海权与1812年战争的关系》，波士顿，利特尔与布朗出版公司。

17. 《对远东战争的一些看法》（后更名为《对日俄战争的回顾》），载于《国民评论》第47卷，第383~405页；《当代》第32卷，第67~81卷。1908年收入《海军行政管理与战争》。

18. 《历史的回顾及其他，由日本海战役所想到的》，载于美国海军研究所《资料汇编》第32卷，第447~471页。《皇家联军学会杂志》第50卷，第1327~1346页。

19. 《战争中被忽视的几个方面》，波士顿，利特尔与布朗出版公司。

20. 《从帆船时代到蒸汽时代——海军生活的回忆》，纽约和伦敦，哈珀兄弟出版公司。

21. 《海军行政管理与战争——一些总原则及其他短文》，波士顿，利特尔与布朗出版公司。

22. 《内心的收获——一位基督教徒的生平和思想》，波士顿，利特尔与布朗出版公司。

23.《美国在国际环境中的利益》，波士顿，利特尔与布朗出版公司。

24.《海军战略——与陆战原则和实践的对比》，波士顿，利特尔与布朗出版公司。

25.《军备与仲裁——武力在国际关系中的地位》，纽约和伦敦，哈珀兄弟出版公司。

26.《美国独立战争中海军的主要战例》，波士顿，利特尔与布朗出版公司。

参考书目

1. ［美］马汉著，安常容、成忠勤译：《海权对历史的影响（1660～1783）》，解放军出版社，2006年。

2. ［美］马汉著，萧伟中、梅然译：《海权论》，中国言实出版社，1997年。

3. ［美］马汉著，蔡鸿幹、田常吉译：《海军战略》，商务印书馆，1996年。

4. ［美］罗伯特·西格著，刘学成、王成志、罗晓明等译：《马汉》，解放军出版社，1989年。

5. 章示平：《中国海权》，人民日报出版社，1998年。

6. 张炜、许华：《海权与兴衰》，海洋出版社，1991年。

7. 张炜、郑宏：《影响历史的海权论——马汉〈海权对历史的影响（1660～1783）〉浅说》，军事科学出版社，2000年。

8. 王生荣：《海权论的鼻祖：马汉》，军事科学出版社，2000年。

9. 王生荣：《海洋大国与海权争夺》，海潮出版社，2000年。

10. 秦天、霍小勇：《中华海权史论》，国防大学出版社，2000年。

11. 陆儒德：《海洋·国家·海权》，海潮出版社，2000年。